청소
시~작!

お坊さんが教えるこころが整う掃除の本
Copyright ⓒ 2011 by 松本圭介
Korean translation rights ⓒ 2014 by Woongjin Think big Co.,Ltd.

All rights reserved including the right of reproduction in whole or in part in any form.
This edition published by arrangement with Discover 21, through BC Agency.
이 책의 한국어판 저작권은 BC에이전시를 통해 Discover 21과 독점 계약한
'주식회사 웅진씽크빅'에 있습니다.
저작권법에 의하여 한국 내에서 보호를 받는 저작물이므로 무단전재와 무단복제를 금합니다.

청소 시~작!

마츠모토 게이스케 지음 | 복창교 옮김

"마음을 닦아내듯 청소를 합니다.
하지만 닦아내자마자 번뇌에 흐려지는 것이
사람의 마음입니다.
아무리 닦아내어도 끝이 없는 것이
바로 수행입니다.
끝이 없는 '마음 청소'에 현기증이 날 것 같을 때,
여러분이 즐겁고 힘차게 청소를 지속할 수 있도록
이 책이 조금이라도 도움이 된다면
저 역시 기쁠 것입니다."

_ 마츠모토 게이스케

차례

하나, 청소에 대하여

청소는 마음을 닦는 일입니다 • 13
쓰레기는 왜 생기는 걸까요? • 16
청소와 함께 시작하는 아침 • 20
가장 먼저 해야 하는 일 환기 • 23
벌레를 대하는 각별한 마음 • 26
청소는 팀워크입니다 • 29
오늘의 날씨에 맞게 • 32
다음으로 미루지 맙시다 • 34

청소의 시작

- 부엌, 깨달음을 얻는 자리 • 41
- 화장실, 더럽히지 않는 배려 • 46
- 욕실, 마음의 때를 벗기는 곳 • 51
- 세탁, 수고하는 만큼 좋은 기분을 얻는 일 • 55
- 다림질, 마음의 주름을 펴는 일 • 60
- 옷 정리, 미룰 수 없는 계절의 흐름 • 62
- 식기, 소중한 만큼 엄격하게 다루어야 할 것 • 66
- 수선, 하나의 물건과 오래 마주하는 생활 • 72
- 냄새 제거, 상쾌한 기분을 돕는 일 • 76
- 곰팡이, 정돈되지 않은 곳에 피어오르는 것 • 78

둘,

셋, 문 안팎의 청소

마룻바닥, 한 번 더 닦는 마음으로 • 91
장지문, 수고로움의 가치 • 95
조명, 지혜의 빛을 닦듯이 • 98
현관, 안팎의 경계 • 104
정원, 자연과의 소통 • 108
유리창, 한 점의 얼룩도 없도록 • 112
방충망, 세상과 호흡하는 통로 • 114
어프로치, 조금은 느긋해지자 • 116

보송 보송 일광 소독

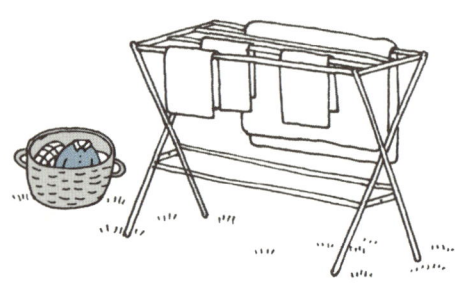

넷, 몸과 마음의 청소

세면, 타인에 대한 예의 • 125
수면, 몸이 쉬는 시간 • 128
호흡, 명상의 기본 • 130
양치, 입은 우리 몸의 출구 • 133
이발, 번뇌를 덜어내는 마음으로 • 135
배설, 내 몸에 대한 관심 • 137
식사, 먹지 않고는 살 수 없습니다 • 140

청소의 끝

소유하지 않는 일 • 147
물건의 제자리를 찾아주는 일 • 150
사계절을 몸으로 느낄 수 있습니다 • 153
한 해를 보내는 대청소의 날 • 157

editor's note 책을 마치며 • 162

하나,

청소에 대하여

청소는 마음을
닦는 일입니다

일본인은 예로부터 청소에서 단순노동 이상의 의미를 찾아냈습니다. 일본의 학교에서는 학생 전원이 청소하는 것이 당연한 일이지만, 외국에서는 이런 일이 거의 없다고 하지요. 일본에서는 청소가 단순히 더러운 것을 없애는 일이 아니라, '마음을 닦는 일'과 관련되어 있다고 여겨집니다.

절에 가면 경내가 늘 깨끗하게 정돈되어 있는 것을 볼 수 있습니다. 손님들을 맞이하기 위한 당연한 예의이기도 하지만 절에서 생활하는 스님에게는 청소하는 것 자체가 중요한 불도수행 중 하나이기 때문입니다. 따라서 절의 모든 공간은 깨끗하게 정리되고 닦입니다.

예전에 승려가 되기 위해 교토의 한 절에서 공부를 하고 있을 때, 의복을 개는 법이나 겹치는 순서를 조금이라도 틀리면 지도 담당 스님께 호되게 꾸중을 들었습니다. 만약 기회가 있다면, 경내에서 청소하는 스님의 모습을 살펴보세요. 작업복을 입은 스님들이 각자 맡은 장소에서 묵묵히 청소에 매진하고 있을 것입니다. 또한 놀랍게도 모두 생기 있는 얼굴을 하고 있을 테지요.

평소 자신의 모습은 어땠는지 떠올려 보세요. '귀찮아. 안 할 수는 없으니까 빨리 해치워야지.' 청소를 할 때 이런 마음으로 시작하진 않나요?

불진제구拂塵除垢.

부처님이 일러 준 '먼지를 털어 내고 때를 닦아 낸다'는 말입니다. 빗자루를 들고 마당을 쓰는 것은 모두가 할 수 있는 일이지만 몸과 마음을 다해 비질을 하면 깨달음을 얻을 수 있다는 것이지요.

청소는 더러우니까 하는 것이 아니라,
내 마음을 닦아 내는 경건한 '수행' 중 하나입니다.

좋은 양분이 되어
올해도 많은 열매를
맺으렴.

쓰레기는
왜 생기는
걸까요?

쓰레기란 무엇일까요? 더러운 것, 낡아 빠진 것, 더 이상 쓸 수 없게 된 것, 도움이 되지 않는 것, 필요하지 않은 것입니다. 하지만 그 어떤 것도 처음부터 쓰레기였던 것은 없습니다. 그것을 쓰레기로 만든 사람이 있고, 그것을 쓰레기로 보는 사람이 있기 때문에 쓰레기가 된 것뿐이지요.

불교에서는 그 어떠한 것에도 실체가 없다고 말합니다. 그렇다면 실체가 없는데 어떻게 물체로서 그곳에 존재하는 것일까요? 물체가 존재한다는 것은 그와 관련된 만물이 서로 이어져 서로의 존재를 지탱한다는 것을 의미합니다.

그것은 인간도 마찬가지입니다. 당신이라는 사람을 당신으로서 존재하게 하는 것은 당신을 둘러싼 모든 사람과 사물입니다. 이것은 나에게 도움이 되니 소중한 것이고, 내가 쓸 수 있는 것 이외엔 전부 쓰레기라고 애초에 정할 수는 없는 것이지요.

예전에 렌뇨蓮如, れんにょ・ 대사는 복도에 떨어진 종잇조각도 '단 한 장의 종이도 부처님의 은혜를 받은 것이니 함부로 해서는 안 된다'며 챙겼다고 합니다.

물건을 소중히 하지 않는 사람은 사람도 소중히 하지 않습니다. 무엇이든 쓸모가 없어지면 그냥 쓰레기일 뿐이라고 생각하는 부모의 모습을 보고 자란 아이들은 물건뿐만 아니라 친구마저도 같은 생각으로 바라보게 됩니다.

만물에는 셀 수 없을 정도로 많은 정성과 노고가 깃들어 있습니다. 청소나 정리를 할 때 물건을 함부로 다루지 않고 감사하는 마음을 갖는 것이 중요합니다.

하지만 아깝다고 해서 아무것도 버리지 않고 벽장에 처박아두기만 해서는 안 되겠지요. 일단 구석에 처박히면 여전히 쓸 만한 물건이라도 쉽게 잊히기 마련입니다. 지금까지 당신을 위해

• 일본의 정토진종을 중흥시킨 고승.

일해 온 물건에 감사하며 그것을 필요로 하는 사람에게, 또는 그것이 사용될 수 있는 곳에 기분 좋게 건네주는 건 어떨지요.

지금 주위를 둘러보세요.
당신 주변에는 조금 낡았지만 여전히 쓸 만한 물건들이 꽤 많습니다.

청소와 함께
시작하는 아침

'청소야 언제 하든 무슨 상관이야. 그냥 시간 빌 때 하면 되지.'

혹시, 이렇게 생각하고 있지는 않으신지요. 앞서 말한 것처럼 청소는 마음을 닦기 위한 것입니다. 애써 열심히 쓸고 닦았는데 어느새 한밤중이라면 생각처럼 개운하지 않겠지요.

절에서는 해가 지고 나면 청소를 하지 않습니다. 수도승은 아침 일찍 일어나 세수와 몸단장을 하고 청소나 독경을 하는 것으로 하루를 시작합니다. 날이 밝기 전 맑고 찬 공기를 마시면 자연스럽게 기분이 좋아지고 하루를 시작할 힘이 솟아오르기 때문입니다.

주위 사람도, 풀과 나무도 일어나지 않은 시각에 청소를 해 보세요. 마음이 개운해질 뿐 아니라 머릿속도 맑고 깨끗해질 것입니다. 또한 다른 사람들이 일어날 때쯤엔 하루를 시작할 준비를 끝내게 됩니다. 아침 청소를 함으로써 오히려 마음에 여유가 생기고 쾌적한 하루를 보낼 수 있습니다.

반대로 밤에는 자신의 주변을 정리해야 합니다. 운수승•처럼 온종일 청소와 정리정돈을 생활화한다면 자기 전에 따로 할 필요가 없겠지요.

다 썼으면 제자리에 놓기. 이것만 철저하게 지킨다면 방이 어질러질 일이 없습니다. 하지만 일반 가정에서는 지키기 힘든 일일 수도 있습니다. 그렇다면 최소한 오늘 쓰거나 어지른 것들만이라도 그날 중으로 있어야 할 장소에 되돌려 놓는 게 어떨까요? 방이 어느 정도 정리되어 있으면 다음 날 아침, '자, 오늘 하루를 열어 볼까!'라며 상쾌한 마음으로 청소를 시작할 수 있습니다.

청소와 정리정돈은 지속적으로 하는 것이 가장 중요합니다. 잠깐이라도 좋으니 무리하지 않는 범위에서 매일 청소하는 습관

• 탁발을 하는 수도승.

을 들여 보세요. 처음엔 아침 일찍 일어나는 것이 힘들 수도 있지만 습관이 되면 매일매일 개운한 몸과 마음으로 생활할 수 있게 됩니다.

가장 먼저
해야 하는 일
환기

 청소하기 전에 가장 먼저 해야 하는 일은 창문을 열고 환기하는 것입니다.

절에서는 아침 청소를 하기 전에 창문을 열고 바깥의 상쾌한 바람을 안으로 들여 공기부터 깨끗하게 만듭니다. 창으로 들어오는 새벽녘의 신선한 공기를 배 속 가득 들이마시면서 청소를 시작할 마음의 준비도 갖추는 것이지요.

청소를 열심히 해서 겉모습이 깨끗해지더라도 탁한 공기 안에서 지내고 있으면 마음마저 탁해지기 마련입니다. 누구에게나 그 계절에 맞는 새로운 공기가 필요한 법입니다. 날씨가 온화한 봄이나 가을에는 기분 좋은 바람이 불어옵니다. 한여름에 창을 열면 후텁지근한 열기가 들어오고, 한겨울의 이른 아침에는 살을 에는 듯한 차가운 공기가 흘러들기도 합니다. 각 계절마다 공기에도 그 나름의 운치가 있는 것입니다.

청소라는 행위는 어떤 의미에서 보자면 자연과의 소통입니다. 집이 사람의 손을 전혀 타지 않게 되면 먼지가 쌓이고 목재가 풍화되어 언젠가는 자연으로 돌아가게 됩니다. 집을 청소하고 보수함으로써 살아 있는 자연과 힘의 균형을 이루고 인간이 쾌적하게 살 수 있는 상태를 유지하게 되는 것이지요.

인간은 원래 자연에 노출된 채로는 살아갈 수 없는 연약한 생물입니다. 그래서 자연과의 소통과 조율을 통해 자신들이 살 수 있는 환경을 마련해야만 합니다.

청소를 하는 것은 자연과 대화하는 행위이기도 합니다. 사시사철 공기조절 장치를 갖춘 밀폐 공간에서 살아가는 현대인은 자연과 교감하기 어렵습니다. 이런 환경에 익숙해져 버린다면 몸도 마음도 약해지기 마련이겠지요. 더울 때는 더운 채로, 추울 때는 추운 채로 자연을 느끼면서 청소로 땀을 흘리는 것이 심신을 건강하게 만드는 비결입니다.

창을 열어 자연과 소통해 보세요. 그리고 자연의 온화함과 냉엄함을 피부로 느끼면서 생명의 소중함에 대해 생각해 보세요.

매일 아침 자연과 잇닿은 창을 열고
신선한 공기를 들이켜 보는 건 어떨까요.

자연이 스며들어오는 창

벌레를 대하는
각별한 마음

불교에는 반드시 지켜야 하는 다섯 가지 계율*이 있는데, 불살생계不殺生戒, 즉 생물을 죽이지 말라는 것이 그중에서도 가장 중요한 계율로 꼽힙니다. 모든 생명은 서로 이어져 있고 모두 동등하게 귀중한 것이기 때문에 함부로 상처 주거나 해쳐서는 안 됩니다. 하지만 인간은 고기나 생선, 채소를 먹지 않으면 살아갈 수 없습니다. 그렇다면 어떻게 하는 것이 좋을까요?

우선, 살생하지 않으면 살아갈 수 없는 자신의 모습을 인정

• 불투도계不偸盜戒, 훔치지 말라. 불사음계不邪淫戒, 음탕한 짓을 하지 말라. 불망어계不妄語戒, 거짓말하지 말라. 불음주계不飮酒戒, 술을 마시지 말라.

하고 살아 있는 것들에 대해 미안함과 감사하는 마음을 지녀야 합니다. 그리고 되도록 살생하지 않는 생활 방식을 궁리해 보아야 합니다.

이때 기본이 되는 생활 방식이 바로 매일 청소하는 것입니다. 벌레는 먹이를 구하거나 집을 만들 장소를 찾습니다. 식탁 위에 흘린 음식을 닦지 않거나 설거지거리와 음식물 쓰레기를 그대로 두면 당연히 벌레가 꼬이겠지요. 매끼마다 깔끔하게 정리하는 것이 벌레를 죽이지 않는 최선책입니다.

벌레가 늘지 않도록 주변 환경을 살피는 것도 중요합니다. 실외의 양동이가 위를 향한 채 놓여 있으면 빗물이 고여 장구벌레가 들끓게 됩니다. 탁한 물이 고이기 쉬운 양동이 같은 것은 뒤집어서 보관하세요. 수중식물을 키우는 물화분 같은 것도 적당한 크기를 사용하고 물을 정기적으로 갈아 주어 청결하게 유지해야 합니다.

흰개미나 말벌처럼 방치하면 위험한 벌레도 있는데, 바지런하게 나무를 가지치기해서 통풍이 잘되도록 하고 습기가 차지 않도록 자주 환기를 시키면 집을 짓지 못하게 됩니다. 풀을 벨 때에는 벌이나 송충이가 살고 있지 않은지, 잎사귀나 흙을 먼저 확인하세요.

약간의 주의만 기울이면 벌레와 사람이 각자의 공간에서 더불어 살아갈 수 있습니다.

청소는
팀워크입니다

절에서는 여러 가지 작업을 각자 분담하고 있으며 정기적으로 그 역할을 바꿉니다. 어제까지 정재소*를 담당하고 있던 사람이 오늘은 정원을 담당하기도 하는데, 이러한 배치전환을 '전역転役'이라고 합니다. 덕분에 승려들은 절의 모든 일을 경험할 수 있습니다.

수행이라 하면 혼자서 묵묵히 하는 것이라는 이미지가 있지만, 실제로 절에서 하는 청소란 힘을 합하여 서로의 일을 돕는 작업입니다. 지금 다른 사람이 어디에서 무엇을 하고 있는지 둘러보는 것이 중요합니다. 동료가 맡은 구역을 살피고 내 구역을

---

* 절에서 밥을 짓는 곳.

설정하여 전체 흐름 속에서 자신의 역할을 만들어 가야 합니다. 또한 청소에는 '위에서 아래로'라는 원칙이 있으므로, 작업 과정이나 순서에도 서로 주의해야 합니다.

불교에서는 수행도량* 중에 한 사람이 해이해지면 집단에 그 책임을 묻습니다. 나로 인해 다른 사람이 해를 입을 수 있으니 더욱 제대로 하려고 노력할 수밖에 없지요. 나라는 존재가 나 한 사람의 것이 아니라는 사실을 저절로 깨닫게 되는 것입니다.

일상생활에서도 마찬가지입니다. 한 사람만 청소를 하는 것이 아니라 모두가 함께하는 것이 중요합니다. 집안일을 할 때 가족끼리 역할을 나누되, 때때로 그 역할을 바꾸어 보세요.

가족의 고마움은 예기치 않은 일이 일어났을 때 비로소 깨닫게 됩니다. 아내가 해 주는 밥을 항상 당연하게 받아먹던 남편은 아내가 몸져눕게 되면 죽 한 그릇도 만들지 못하는 한심한 자신을 인식하게 됩니다. 이러한 '인식'이 가족 간의 벽을 허무는 중요한 계기가 될 수 있습니다.

아이들과 함께 집안일을 하는 것은 교육에도 효과적입니다.

---

* 불도를 닦기 위해 수행하는 곳, 또는 그곳에서 진행되는 법회.

물론 본인이 하는 편이 훨씬 빠르고 간편하므로 처음엔 답답할 수도 있지만 아이들에게 여러 가지 역할을 부여하여 '함께하는 즐거움'을 느낄 수 있도록 해 주세요.

가족은 인간이 맺는 관계 중에서 가장 강한 인연입니다. 청소가 그 마음속 인연을 더욱 돈독히 하는 계기가 될 수 있습니다.

오늘의
날씨에 맞게

절에서는 자연의 흐름에 맞추어 그날 무슨 일을 할지 계획을 세웁니다. 안팎으로 할 일이 많지만 비 오는 날에 실외 작업을 하지 않습니다. 이런 날에는 경내의 정원 청소와 같은 작업 대신 실내에서 창문을 닦거나 대청소를 합니다. 그리고 날이 개기를 기다렸다가, 비가 그쳐 땅이 적당히 젖어 있을 때 풀을 뽑고 실외 청소를 합니다.

절에서는 하루의 삼분의 일가량을 청소로 보내지만 '마음을 닦기 위한 청소'에는 끝이 없습니다. 찾으면 청소할 곳은 얼마든지 있습니다.

비가 오는 날에는 '어떻게든 오늘은 실외 청소를 해야지'라는 고집을 버리고, 유연한 마음으로 자연의 움직임에 맞추어 청

소를 시작해 보세요. 일반 가정에서는 '비 오는 날은 옷 수선하기'와 같은 규칙을 만들어 보는 것도 좋습니다. 집 안을 둘러보면 반드시 해야 할 일이 보이기 마련입니다.

다음으로
미루지 맙시다

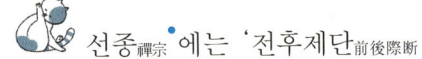선종禪宗*에는 '전후제단前後際斷'
이라는 말이 있습니다. '과거의 일을 후회하지 않고 미래의 일을
미리 걱정하지 않으며 후회가 남지 않도록 하루하루 전력을 다
하라'는 의미입니다. 마음을 닦는 청소에 있어서도 마찬가지입
니다. 내일로 미루지 않는다는 마음가짐이 중요합니다.

바쁜 현대인이라면 누구나 지친 몸으로 집에 돌아와 설거지
거리나 세탁물을 그대로 둔 채로 풀썩 쓰러져 잠든 경험이 있을
것입니다. 하지만 그렇게 잠든 다음 날 아침, 상쾌한 기분으로
눈을 뜰 수 있었나요? 아마도 어제 했어야 할 일들에 둘러싸인

• 참선으로 깨달음을 얻는 것을 중요시하는 불교의 종파.

채 새로운 아침을 맞아 우울한 기분이 들었을 테지요.

하지만 기분이 우울해진 것은 어제부터 쌓인 채 남아 있는 일을 발견한 바로 그 순간부터가 아닙니다. '아아, 해야 하는데……'라고 생각하면서 잠들어 버렸을 때부터 밤새 의식 속에 개운치 않은 감정이 남아 있었던 것입니다. 꿈속에서 밤새 집안일을 열심히 한 뒤 잠에서 깨어 현실 세계에서 또 한 번 집안일을 하는 경우도 있을 것입니다.

전후제단前後際斷.

과거의 일을 후회하지 않고 미래의 일을 앞서 걱정하지 않으며 하루하루를 힘껏 살아가는 것은 마음먹기만으로 되는 일이 아닙니다. 하지 않으면 안 되는 일은 행동으로 즉시 마무리해야 합니다. '이건 내일 하면 되니까'라든가 '그 일은 어제부터 신경 쓰였는데'와 같은 불필요한 망상이 마음에 깃들지 않게 하는 것도 중요하겠지요.

마음의 더러움은 오랫동안 방치해 두면 닦아 내기 힘들어집니다. 꼭 해야 할 일이라면 내일로 미루지 않고 기분 좋게 해내며 매일을 살아가는 게 어떨까요.

두울,

청소의 시작

부엌,
깨달음을
얻는 자리

선종의 도량에서 식사 담당은 '전좌典座'라고 하는데, 이는 '깨달음을 구하기 위해 깊은 마음을 일으킨 사람들만 맡는 것'으로 간주할 만큼 중요한 역할로 인정하고 있습니다. 전좌를 맡게 되면 본인의 임무가 '순수하고 잡념이 없는 불도수행 그 자체'라는 것을 명심하고 부엌에 서야 합니다.

대부분의 절은 행사를 할 때 시주해 주는 집이나 마을 자치회 등에서 함께 모여 요리를 하므로 부엌이 꽤 큽니다. 싱크대도, 냄비도, 소쿠리도 일반 가정집과는 급이 다른 크기이지요. 몇 명이 공동으로 조리를 하는 절의 부엌은 항상 깨끗하게 닦여 있고, 조리 도구 역시 정해진 곳에 정리되어 있습니다. 부엌이 정리되어 있으면 누가 당번이 되더라도 기분 좋게 바로 조리를 시작할 수 있고 조리 시간 역시 줄일 수 있으며, 맛있는 음식을 식기 전에 내어놓을 수도 있습니다.

수행승이 하는 식사의 기본은 정진˙요리입니다. 고기나 생선은 물론, 채소라고 하더라도 파나 부추, 마늘과 같이 향이 강한 식재료는 쓸 수 없습니다. 국물을 낼 때도 다시마나 표고버섯과 같은 식물성 재료를 사용하지요. 자극이 적은 채소 위주로 조리한 식사에 익숙해지면 혀의 감각이 점차 섬세해져서 미묘한 맛의 차이를 즐길 수 있게 됩니다.

제철 식재료를 써서 재료의 맛을 그대로 살리는 요리가 주이므로 다량의 조미료나 기름을 쓰는 일이 없습니다. 따라서 자연스럽게 조리 도구를 적게 사용하고 기름으로 부엌을 더럽히는 일도 덜하기에 뒷정리가 간편합니다.

또한 음식물 쓰레기가 가능한 한 나오지 않도록 조리합니다. 예를 들어 무는 잎사귀를 잘게 썰어 쓰며 껍질로도 반찬을 만들어 먹습니다. 그래도 남은 음식물 쓰레기는 땅에 묻어 비료

• 일체의 동물성 식품을 피하고 식물성 재료만을 사용한 요리.

로 사용합니다.

    일반 가정집의 부엌이라면 가장 먼저 싱크대와 수도꼭지에 물때가 끼지 않도록 반드시 마른행주로 모든 물기를 닦아 내야 합니다. 배수구도 잔반이 남지 않도록 매일 깨끗이 씻어 냅니다. 쓰레기는 절대 미루지 말고 그날 처리하도록 하세요.

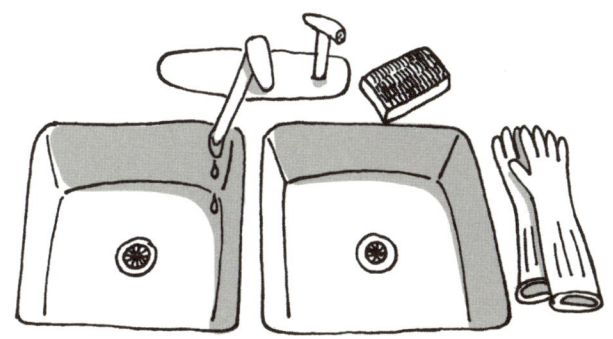

절에서는 탔거나 지저분해진 조리 도구와 싱크대를 다음 날 씻는 법이 없습니다. 집에서도 역시 지저분해진 조리 도구는 그 자리에서 씻어 정리해 둡시다. 잘 제거되지 않는 때는 먼저 물에 (뜨거운 물이라면 더욱 좋습니다) 불려 놓은 뒤 수세미로 닦아 냅니다. 싱크대는 베이킹 소다로 닦는 것이 효과적입니다. 마지막에는 마른행주로 닦아 내는 것도 잊지 마세요.

설거지를 잘할 수 있는 비법은 아주 간단합니다. 설거지거리를 쌓아 두지 않는 것이지요. 그러기 위해서는 먼저 전체 조리 순서를 떠올려 보고 필요 없는 과정을 줄여야 합니다. 또한 조리 시 잠깐 비는 시간에 설거지를 미리 해 두면 훨씬 효율적으로 움직일 수 있습니다.

전체 조리 순서를 숙지해 둘 것, 중간중간 부엌을 정리할 것. 이 두 가지만 잘 지켜도 쓸데없는 조리 과정이 줄어들고 물 또한 아낄 수 있습니다. 또한 요리가 끝난 뒤에 귀찮은 설거지거리도 상당히 줄어 있을 것입니다.

조리할 때 놓치기 쉬운 것 중 하나가 바로 주방 찬장을 닫는 일입니다. 바빠서, 또는 깜빡 잊고 그냥 열어 두는 경우가 있지만, 그것은 마음 역시 해이해졌다는 의미입니다. '한번 꺼낼 때

마다 반드시 닫기'를 기억해 두세요. 식기에 먼지가 쌓이는 것을 막고, 느슨해진 마음을 다잡을 수 있습니다.

    전좌는 음식과 하나가 된다는 마음가짐으로 조리를 하면서 정진수행을 합니다. 청결한 도구와 신선한 제철 식재료에 마음을 담아 몸에 좋은 음식을 만드는 것입니다. 일반 가정에서도 때때로 수행하는 전좌의 마음으로 음식을 만들어 보는 건 어떨까요.

화장실,
더럽히지 않는
배려

단언컨대 화장실은 신성한 장소입니다. 화장실이야말로 그 집의 얼굴이라고 할 수 있지요. 하지만 손님을 맞이할 때 현관만큼 화장실에도 신경을 쓰는 사람은 드물 것입니다.

손님이 화장실을 쓰게 되면, 그곳에서 잠시나마 혼자만의 시간을 보내게 됩니다. 긴장을 푸는 장소야말로 세세한 곳까지 눈길이 가기 쉬운 법입니다. 변기에 묻은 것, 바닥의 먼지, 세면대의 물때, 다 써 가는 화장지……. 미처 청소하거나 정리하지 못한 부분이 있다면, 손님이 그 집에서 받는 인상이 썩 좋지 않을 것입니다. 집주인 입장에서도 애써 신경 쓴 접대에 큰 오점을 남기게 되겠지요.

절에서 화장실은 무엇보다 청소에 힘써야 하는 장소 중 하나입니다. 조동종• 수행도량에서는 말을 금해야 하는 세 군데 장소를 삼묵도량三黙道場이라고 합니다. 즉 승당僧堂(좌선·식사·수면을 하는 장소), 욕사浴司(목욕하는 곳), 동사東司(화장실)를 말합니다. 이 삼묵도량의 공통점은 바로 '물'입니다. 물은 생명의 기본이 되는 것으로서 우리 몸속에 들어와 순환한 뒤 몸 밖으로 나가 다시 자연으로 돌아갑니다. 물이 순환하는 장소에서 생명의 흐름을 인식하고 그곳을 공들여 관리함으로써 수행을 하는 것입니다. 집안에서 물이 순환하는 장소는 식당, 욕실, 화장실이 되겠지요.

그중에서도 화장실은 우스사마묘오烏枢沙摩明王, うすさまみょうおう•• 가 깨달음을 얻은 곳으로 알려져 더욱 신성한 공간으로 간주됩니다. 부정한 것을 정화하는 힘을 가진 장소이기에 청소를 철저히 하여 지문 하나도 남겨서는 안 됩니다. 도겐道元, とうげん••• 선사는 화장실 사용법에 대해 '아무 말 하지 않고 깨끗하게 유지하는 것이 중요

• 보화종, 일본달마종, 임제종, 황벽종과 더불어 일본 선종 계통의 한 종파로서, 일본 최대 종파.
•• 화장실을 관장한다는 일본의 신.
••• 일본 조동종을 창시한 승려.

한 수행'이라고 했습니다. 정토진종眞宗*의 절에도 손님용 화장실을 따로 마련해 둔 곳이 많습니다. 여러 번 방문해 보았지만 지금까지 한 번도 화장실이 더럽거나 정리가 안 되어 있는 모습을 본 적이 없습니다.

어느 절을 방문하더라도 화장실은 언제나 청결하고 가지런히 정리되어 있습니다. 화장실을 쓰는 사람도 그 청결함이 피부로 느껴져 기분 좋게 사용할 수 있지요. 나부터 깨끗하게 유지해야 다른 사람들도 화장실을 더럽히지 않고 다음에 쓸 사람을 배려하게 됩니다.

에이헤이지永平寺, えいへいじ**에서 수행 중인 스님들은 슬리퍼조차 신지 않고 화장실을 이용합니다. 경내에서는 수도승 전용 신발을 신지만, 화장실에서는 그것마저도 벗고 맨발로 들어갑니다. 이곳의 화장실은 그 안에서 생활할 수 있을 정도로 깨끗해야 하고, 그곳으로 들어가면 신성한 의식이라도 치르는 것처럼 장엄함이 느껴져야 한다고 합니다.

---

* 일본적인 색채가 두드러지는 일본 불교의 한 종파.
** 일본 후쿠이 현에 있는 조동종의 대본사.

　화장실은 여유롭게 긴장을 풀 수 있는 공간인 동시에, 적당한 긴장감이 흐르는 청결한 공간이어야 합니다. 늘 신경 써서 청소를 해 두어야 하지요.
　기본적으로 모든 절에서 화장실 청소를 꼼꼼히 하고 있지만, 선종의 절에서는 그 어느 곳보다 철저히 합니다. 화장실 청소는 아침과 밤에 하는데, 바닥이나 변기를 꽉 짠 걸레로 닦아 내고 마지막에 남은 체모도 종이나 수건으로 닦아 냅니다. 화장지의 끝도 삼각형 모양으로 접습니다.

화장실을 깨끗하게 유지하는 비결은 '더럽히지 않는 것'입니다. 모두가 깨끗하게 사용하기 위해서는 나부터 먼저 깨끗하게 사용하여 청결에 대한 긴장감을 유지하는 것이 중요합니다. 공중화장실에 낙서가 하나둘 늘어나면 급격히 더러워지는 것과 같은 원리입니다. 깨끗하니까 더럽히지 않고 더럽히지 않으니까 깨끗하게 유지할 수 있는 것이지요.

오늘 아침에 들어갔던 화장실의 모습을 떠올려 봅시다. 과연 깨끗하다고 말할 수 있을 정도인가요? 그렇지 않다면 먼저 '나부터' 시작해 보는 것은 어떨까요.

욕실,
마음의 때를
벗기는 곳

여러분에게 욕실은 어떤 장소입니까? 샤워를 하면서 하루 동안의 때를 벗기거나 욕조에 들어가 휴식을 취하며 그날의 피로를 푸는 최고의 장소라고 생각하시겠지요.

앞에서 말했다시피, 절에서는 욕실도 삼묵도량의 한 곳으로서 특히 중요하게 여깁니다. 탕에 들어가기 전에 몸을 깨끗이 씻어 때를 벗기고 물을 절약하기 위해 대야를 사용하기도 합니다. 도량에는 한 번에 열 명 정도가 들어갈 수 있는 큰 목욕탕이 있지만, 백 명이 목욕을 마쳐도 강물처럼 물이 맑아야 이상적인 목욕입니다.

욕실에는 가능한 한 소리를 내지 않고 조용히 들어가야 합니다. 첨벙첨벙 물을 튀기면 욕실 내의 고요가 깨질 뿐 아니라 물을 낭비하는 것이기도 합니다.

    욕실 안의 도구는 목욕 대야뿐이라 비누와 수건을 챙겨서 들어가야 합니다. 목욕을 마치고 나오기 전에는 주변을 확실히 정리합니다. 정해진 장소에 목욕 대야를 돌려놓고, 수도꼭지도 반드시 한쪽 방향으로 돌려 잠가 놓습니다. 빈틈없이 장소를 정리해야 하지요.

    생명의 기본인 물이 관련되어 있는 장소에서는 인간의 본능이 드러나기 쉽습니다. 게다가 욕실은 화장실과 마찬가지로 잘 드러나지 않는 장소이기도 합니다. 이런 곳에서는 '나'라는 인간이 좀 더 분명히 드러납니다. 그러므로 항상 깨끗하게 닦고 정성스럽게 동작을 행해야 하는 법입니다. 내버려 두면 가장 쉽게 더러워지는 곳을 공들여 정리함으로써 자연스럽게 마음이 정돈될 수 있습니다.

    상선약수上善若水.

    가장 이상적인 삶의 방식이란 물처럼 유연하고 깨끗하고 맑게 사는 것임을 가리키는 말입니다. 만물의 근원인 물이 있는 곳에 도道가 있습니다.

항상 물이 흐르는 장소인 욕실의 바닥은 무릎을 꿇고도 기분 좋게 앉을 수 있을 정도로 닦아야 합니다. 수세미로 철저하게 물때를 벗겨 냅시다. 단, 흠이 나기 쉬운 소재의 바닥은 수세미보다 스펀지가 좋겠지요. 때가 잘 지지 않는 곳에는 베이킹 소다를 사용해도 좋습니다. 청소를 끝낸 뒤에 목욕을 하면 자기도 모르게 긴장이 풀려 콧노래가 나올 수 있습니다. 삼묵도량에서 수행하는 기분으로, 때로는 침묵을 지키며 목욕을 해 보는 것은 어떨까요.

눅눅한 욕실에 들어가면 마음도 눅눅해집니다. 욕실에 곰팡이가 슬었다면, 마음에도 곰팡이가 피었을 것입니다. 몸을 조잡하게 씻으면 마음의 때도 벗겨지지 않습니다. 생명의 기본이 되는 물이 있는 곳의 더러움을 방치한다면, 자기 마음속 깊은 곳까지 더러워질 것입니다. 달리 말하면, 물이 있는 곳을 깨끗하게 유지한다는 것은 자신의 마음을 닦는 것과도 같습니다. 마음의 때를 벗기듯이 욕실을 확실히 닦아 내 보세요.

세탁,
수고하는 만큼
좋은 기분을 얻는 일

스님의 속옷 색깔은 흰색입니다. 흰색을 고른 주된 이유는 청결한 느낌을 준다는 것도 있지만 필요 없는 장식을 없애기 위함입니다. 머리를 미는 것도, 의복이나 소지품이 지정되어 있는 것도, 법식이 정해져 있는 것도 모두 허례허식을 배제하고 겸허한 마음으로 꾸밈없이 불도에 정진하기 위함입니다.

혹시 의복에 때나 얼룩이 묻어 그 부분에 신경 쓰느라 온종일 마음이 불편했던 적은 없습니까? 옷이 지저분해도 전혀 신경 쓰이지 않았다면 옷차림새에 소홀하다는 증거입니다. 마음가짐이 흐트러져 있다는 신호이기도 하지요. 새하얀 셔츠를 입고 있을 때 마음도 긴장되기 마련입니다.

실제로 하얀 속옷을 입으면 마음에 상쾌한 바람이 불어옵니다. 깨끗함이 피부로 전해지는 기분이 들지요. 화려한 색상의 속옷 대신 한 번쯤은 하얀 속옷을 입어 보는 것은 어떨까요.

흰색 양말과 속옷은 깨끗한 대신 때도 잘 타기 때문에 자주 세탁해야 합니다. 최근에는 대부분 세탁기를 사용하지만, 이전에는 대야와 빨래판에 비누와 양잿물을 세제로 써서 세탁을 했습니다. 지금은 대부분의 수행도량에서도 공용 세탁기를 쓰지만, 버선 바닥의 때처럼 일반적인 세탁으로 지워지지 않는 것은 먼저 손으로 애벌빨래를 합니다.

세탁물은 매일 나옵니다. 바로바로 빨고 말리고 개어서 넣어 두세요. 이것을 확실히 하는 데에도 제법 품이 듭니다. 수고를 덜기 위해서는 빨랫감을 쌓아 두지 않는 것이 중요합니다. 그날 일은 반드시 그날 끝내세요. 적은 양이라도 매일 빨고 바로 말리면 보기에도 말끔하고 점차 세탁물의 수도 줄어들 것입니다.

혹시 세탁물을 말릴 때 건조기를 사용하지 않나요? 바깥에서 말리더라도 옷을 널어 둔 상태에서 그대로 다시 입은 적은 없나요? 분명 그렇게 함으로써 수고는 덜었을지도 모릅니다. 하지만 다른 수고가 하나둘 늘어나 마음이 점차 해이해질 것입니다.

태양의 힘을 빌려 자연 속에서 세탁물을 말려 보세요. 그리고 옷을 갤 때도 우선은 있어야 할 자리에 보관해 둔 다음 갈아입을 때 새롭게 꺼내도록 하세요. 이것이 습관이 되면 생활에 리듬이 생겨 더욱 손쉽게 해낼 수 있습니다. 그날의 기분에 따라 세탁을 게을리하면 마음속에 침전물이 쌓이게 됩니다.

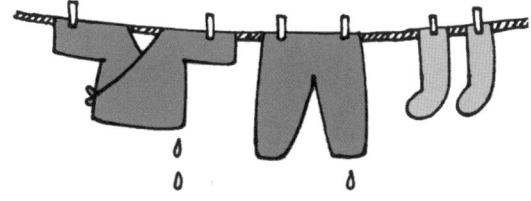

승려들의 의복에는 먹물, 차茶, 땀 얼룩 등이 자주 생깁니다. 먹물과 차 얼룩은 부주의로 인해 부분적으로 생기는 경우가 대다수이므로 얼룩진 부분을 가볍게 적셔서 비누를 묻혀 비벼 줍니다. 대부분 이 정도로 깨끗해지지만, 그렇지 않은 경우에는 알칼리성인 베이킹 소다를 사용합니다. 베이킹 소다는 자연 표백제로서 때를 깨끗하게 빼 주며 황변이나 땀 얼룩에도 효과적입니다. 섬유 유연제로는 식초를 이용하는 것도 괜찮습니다.

면 재질은 젖으면 주름이 생기기 쉬우므로 빨고 나서 바로 두드려 주름을 편 뒤 말려 줍니다. '마르기만 하면 되지 뭐'라며 주름을 펴지 않고 말리면 또 다른 수고로움이 생겨납니다.

절에서는 세탁물을 밖에서 보이는 곳에 널지 않습니다. 언제 손님을 맞아도 부끄럽지 않도록 뒤편의 바람이 잘 통하는 곳에다가 말립니다.

지난 주말에 널어 두었던 빨래가 다 말랐는데도 여전히 빨래줄에 빨래가 걸려있진 않나요? 바싹 마른 옷들을 접으면서 흐트러진 마음도 개켜 보세요.

매일 생활하면서 씻고 빨지 않으면 안 되는 것은
의복뿐만이 아닙니다.
잠깐 방심하면 바로 게을러지는
번뇌투성이의 우리 자신이야말로
매일 깨끗이 세탁해야 하는 대상입니다.

다림질,
마음의 주름을
펴는 일

인간에게 있어 '주름'이라고 하는 것은 노화의 상징입니다. 하지만 80, 90대에도 정정하게 활동하는 노승을 보면 마음뿐 아니라 겉모습도 주름이 적고 혈색이 좋습니다. 역시 '심신일여$_{心身一如}$'라는 말처럼 몸이 마음에, 마음이 몸에 반영되는 법입니다.

매일 입는 옷도 깔끔하게 다림질하여 주름을 펴면 온종일 긴장감을 유지할 수 있게 됩니다. 자신의 내면을 말쑥하게 유지한다는 마음가짐으로 다림질을 하면 좋겠지요. 물론 다림질을 마친 옷은 다시 주름이 생기지 않도록 정성스럽게 개어 놓아야 합니다.

참고로, 절에는 특별한 다리미 사용법이 있습니다. 마룻바닥에 떨어진 양초의 촛농을 지우는 법입니다. 촛농을 신문지나 갱지로 덮고 그 위를 다리면 신기하게도 촛농이 깨끗이 없어집니다. 옷에 묻은 촛농에도 종이를 올려 다리면 촛농이 종이에 배어 말끔히 사라집니다.

혹시 지금 입고 있는 옷에 유난히 주름진 부분은 없나요? 잠시나마 자세를 바르게 하고 앉아 옷 매무새를 다듬어봅시다.

옷 정리,
미룰 수 없는
계절의 흐름

요즘에는 옷 정리를 하지 않는 사람이 늘고 있다고 합니다. 사시사철 입을 수 있는 옷들도 많아지고 계절이 바뀔 때마다 새롭게 사서 입는 것이 나을 만큼 저렴한 옷이 늘어나고 있기 때문이겠지요. 옷 정리의 수고를 덜 수 있다는 점에서 합리적일지도 모르겠습니다.

하지만 옷 정리에는 대청소와 같이 '합리성'만으로 설명할 수 없는 장점이 있습니다. 옷 정리는 계절 행사로서 마음을 정리할 수 있는 기회입니다. 옷 정리를 하지 않으면 마음을 다잡는 소중한 기회를 잃어버리는 것과 동시에 아무런 변화 없이 지루하게 다음 계절을 맞이하게 됩니다.

옷 정리는 계절을 매듭짓는 행사입니다. 지금까지 수고해 준 옷에 감사하며, 마음을 담아 깨끗하게 세탁하거나 드라이클리닝을 해야 합니다. '내년에 입을 때 세탁하면 되지'라며 더러워진 채로 넣어 두어서는 안 됩니다. 다음 해에도 기분 좋게 옷을 꺼내 입기 위해서는 청소의 기본인 '내일로 미루지 않기'를 명심하고 철저히 지켜 주세요.

불교의 법복에는 하복과 동복이 있습니다. 일부 종파에서는 6월 1일과 10월 1일을 각각 옷 정리하는 날로 정해 두고 있습니다. 옷을 정리하기 위해서는 우선 세탁을 해야 합니다. 땀이나 때가 묻은 채로 넣어 두면 냄새가 배고 좀이 슬 수 있으므로 꼼꼼히 세탁하여 햇볕에 말립니다. 이때 옷 수선도 함께 합니다. 법복은 오래 입으면 끈 매듭이 닳거나 옷깃과 옷자락이 흐트러지는 경우가 있으므로 넣어 두기 전에 공들여 확인한 다음 수선합니다.

옷을 보관하기 위해서는 방충제가 필요합니다. 절에서는 녹나무의 천연 장뇌를 이용한 것이나 편백나무에서 추출한 천연 방충 성분을 주로 이용하고 있습니다. 고묘지光明寺, こうみょうじ・에서는

• 1198년 교토에 건립된 서산정토종의 총본사.

교토의 오래된 향 가게에서 가져온 방충제를 주로 씁니다. 물론 가게에서 파는 기성품을 쓰는 경우도 있습니다.

일부 절에서는 오동나무로 만든 장을 사용하기도 합니다. 오동나무 장은 방충 효과가 높아 별도의 방충제가 필요하지 않습니다. 절에는 대대로 내려오는 오동나무 장이 있는 곳이 적지 않습니다. 오동나무 장은 굉장히 오래 쓸 수 있습니다. 물론 가격이 저렴한 편이 아니라서 막상 사려면 용기가 필요하지만, 좋은 물건은 오랫동안 쓸 수 있는 법입니다. 대대손손 이어서 쓴다는 생각으로 장만해 보는 것도 좋을 테지요.

고묘지 주지 스님의 어머님은 옷 정리를 할 때마다 '계절이 또 갔네'라며 마음속 깊이 회포에 잠기신다고 합니다. 계절의 변화와 시간의 흐름을 옷 정리를 통해 느끼시는 것이겠지요. 이것이 옷 정리를 하는 사람만이 알 수 있는 '마음을 매듭짓는 법'입니다.

내년에도 잘 입을 수 있도록
옷장 속의 옷들을 소중히 정리합시다.

식기,
소중한 만큼 엄격하게
다루어야 할 것

절에서 쓰는 식기를 '발우鉢盂'
라고 합니다. 발우는 장식이 적고 유행을 타지 않는 단순한 종류
로 필요한 개수만 갖추어 몇십 년씩 사용합니다. 주로 도기로 된
종지와 옻칠을 한 공기를 사용하지요. 다소 가격대가 높더라도
유행을 타지 않는 튼튼한 것을 고르면 오랫동안 쓸 수 있습니다.
간혹 깨지더라도, 유행을 타지 않는 만큼 재고가 없어 사지 못하
는 일은 없으므로 필요할 때 다시 구입하기도 편리합니다.

선종 수행승은 각자 응량기応量器 또는 지발持鉢이라고 불리는
식기를 가지고 있으며 엄격한 법도에 따라 공양*을 합니다. 응량

---

* 절에서 음식을 먹는 일.

응량기

응량기에 들어 있는 것

무릎 덮개, 흰 수건(혹은 흰 행주), 핫탄鉢單(발우 밑에 까는 검은 종이), 주걱, 숟가락, 젓가락, 수젓집, 미즈이타水板(행주나 수젓집을 올려 두거나 거울 대신 쓰이기도 함) 그리고 응량기 보자기.

기는 여섯 가지의 발우에 젓가락과 숟가락이 더해져 행주와 함께 보자기 안에 정리되어 있습니다. 기본적으로 일상적인 공양은 모두 여섯 가지의 발우로 해결합니다. 발우들은 조금씩 크기가 다르고 하나로 포개어 넣을 수 있기 때문에 매우 간결하게 정리됩니다.

공양할 때는 발우를 주머니에서 꺼내어 상 위에 올려놓고 조용히 기다립니다. 세끼 공양에 각각 세 종류의 발우를 쓰며 아침, 점심, 저녁에 따라 그 크기가 다릅니다. 가장 큰 바깥쪽 발우는 두발頭鉢이라고 하여 석가모니 부처님의 머리를 나타냅니다. 직접 바닥에 둘 수 없는 터라 가장 작은 발우 위에 올려 둡니다.

배식을 담당하는 승려가 자기 앞에 오면 합장과 함께 발우를 내밀어 밥, 국, 반찬 등을 받습니다. 자신이 먹을 양만큼 받으면 신호를 보내어 이제 충분하다는 것을 알려야 합니다. 공양을 하는 곳도 삼묵도량의 하나이기 때문에 소리를 내지 않고 조용히 먹어야 합니다.

따끈한 쌀밥

밥은 자연이 준 선물입니다.
따라서 함부로 버리거나 남겨서는 안 됩니다.

놀랍겠지만 스님들은 발우를 씻지 않습니다. 공양을 끝낼 때쯤에는 발우가 저절로 씻겨 있기 때문이지요. 지역에 따라 다소 다르긴 하지만, 일본의 경우 스님들은 핫세츠(鉢刷, はっせつ)라 불리는 주걱을 사용하여 공양이 끝날 때 받는 물로 큰 발우에서 작은 발우 순으로 남은 음식을 닦아 냅니다. 그다음 발우에 뜨거운 물을 부어 깨끗이 헹궈 냅니다. 그 물을 다 마실 때쯤에는 발우가 완전히 깨끗해져 있을 테지요. 이렇게 씻어 낸 뒤 행주로 발우에 남은 물기를 닦아 냅니다.

발우를 다루는 법도에 낭비가 없는 것은 단지 환경을 보호하기 위함만이 아닙니다. 마음속의 더러움을 없애기 위한 것이기도 하지요. 하지만 모든 일은 무리하지 않는 것이 중요합니다. 최근에는 절에서도 손님을 대접할 때에는 일반 식기를 사용하기도 하며 소량이나마 식기용 세제도 쓰고 있고, 도마 같은 조리기구의 살균을 위해 베이킹 소다 등도 활용하고 있습니다. 물론, 환경과 몸을 위해 천연 소재를 고르려고 노력합니다.

절에서는 발우를 땅에 떨어뜨리면 절을 돌면서 선배 승려들

• 끝에 천 조각이 달린 2.5센티미터 정도의 얇은 주걱으로, 옻칠이 되어 있음.

에게 사죄해야 할 정도로 큰 잘못으로 여깁니다. 떨어뜨렸다는 것은 소중히 다루지 않았다는 것일 테니까요. 발우는 반드시 양손으로 정성스럽게 다루어야 합니다. 그렇게 하다 보면 자연스럽게 발우의 기능미機能美가 드러납니다. 물건 하나하나를 정성스럽게 대하는 마음이 그 물건을 더욱 빛나게 하는 것이겠지요. 식기는 생명을 떠받치는 그릇입니다. 소중히 다루는 마음이 중요합니다.

사람은 먹지 않고 살 수 없습니다. 음식을 담는 그릇인 발우는 생명을 받드는 소중한 용기이므로 다른 어떠한 도구보다도 더 소중히 다룹니다.

수선,
하나의 물건과
오래 마주하는 생활

어떤 물건이라도 사용하는 동안에 소모되는 것은 피할 수 없습니다. 하지만 대부분은 닳는 부분이 정해져 있기 때문에 그 부분만 제대로 고치면 계속 쓸 수 있는 경우가 많습니다. 물건을 소중히 하는 절에서는 수선이 기본 중의 기본입니다.

에이헤이지의 승려들은 날짜에 4와 9가 들어간 날(사구일)을 소지품을 정리하는 날로 정하여 해진 옷 등을 수선하기도 합니다. 이것을 '시쿠니치四九日, しくにち'라고 합니다. 일반 가정에서도 이렇게 시쿠니치를 정하여 정기적으로 집이나 소지품을 수선하는 시간을 가져 보는 것은 어떨까요? 물론 최근에는 같은 물건이나 비슷한 물건이 항간에 넘쳐 나 대부분의 물건을 대체할 수 있

게 되었습니다. 어떤 물건이 깨졌다고 해도 그것을 고쳐 쓰기보다 새로 사는 게 더 편리하고 저렴한 경우가 많을지도 모릅니다. 하지만 이런 생활을 계속하다 보면 물건뿐만 아니라 사람 사이의 관계도 그렇게 되어 버립니다. 언젠가는 마음이 지쳐 버리겠지요.

물건에도 생명이 있습니다. 물건을 소중히 다루고 고쳐 쓰다 보면 물건을 대하는 방식과 더불어 사람을 대하는 방식도 변하게 됩니다. 무조건 새것만 찾기보다 하나의 물건과 오래 마주하는 생활을 지속한다면, 자연스럽게 주변 사람도 소중히 대하게 됩니다. 물건의 터진 곳을 고쳐 쓰는 것처럼 타인과의 엇갈린 인연도 회복시켜 갈 수 있을 것입니다.

금이 간 도기는 전문점에서 금이나 은을 이용하여 아름답게 되살릴 수 있습니다. 냄비나 주전자는 오래 쓰면 뚜껑이나 손잡이가 헐거워지기 쉽습니다. 종종 나사를 조여 주세요.

마음에 드는 것일수록 빨리 닳는 법이지만 구멍 난 옷도 두 벌을 잇고 기워 한 벌의 새 옷으로 재탄생시킬 수 있습니다.

만약 물건을 원래대로 수선할 수 없다면 지금까지와는 다른 곳에서 활약할 수 있도록 길을 찾아 주세요. 물이 새는 나무통도

화분의 용도라면 아직 쓸 만할지도 모릅니다. 못쓰게 된 빗자루도 두 개를 모으면 죽마_{竹馬}를 만들 수 있습니다.

끊임없이 새것만 추구한다면 번뇌로 가득 차 자유를 잃어버린 인생이 되고 말 것입니다. 한정된 것 안에서 풍부한 발상을 즐기는 사람이야말로 진정한 마음의 자유를 누릴 수 있습니다. 여러분은 어떤 인생을 살고 싶으신가요?

• 아이들이 말놀음질을 할 때 걸터탄 채 끌고 다니는 대막대기.

냄새 제거,
상쾌한 기분을
돕는 일

 많은 사람들이 절에서 나는 향 냄새가 마음을 차분하게 한다고 말합니다. 물론 절에는 언제나 향냄새가 가득합니다. 항상 깨끗하게 유지되는 공간이므로 향냄새가 한층 두드러지는 것이겠지요.

절에서는 향내를 유지하기 위해 숯이나 녹차 같은 천연 소취제를 사용합니다. 특히 비장탄이라고 하는 숯은 보기에도 좋고 비상시에 연료로 사용할 수도 있기 때문에 비치해 두는 곳이 많습니다. 제철 꽃이나 과실 등을 함께 장식용으로 놓아도 괜찮겠지요.

손님께 타 드리고 남은 녹차나 커피의 찌꺼기를 건조시켜 신발장이나 화장실에 두는 것도 냄새를 없애기 위해 절에서 자주 쓰는 방법입니다. 일반 가정집에서도 손쉽게 구할 수 있는 재료이지요.

　냄새를 없애는 기본은 환기입니다. 항상 공기가 잘 통하게 하여 지금 불고 있는 바람을 맞아 보세요. '지금'이라는 시간을 한층 더 소중하게 느낄 수 있습니다. 이것이 습관이 되면 마음이 상쾌해져 항상 신선한 기분이 유지되고, 동시에 조바심도 점차 가시게 됩니다.

곰팡이,
정돈되지 않은 곳에
피어오르는 것

 곰팡이는 왜 생기는 것일까요? 곰팡이 또한 살아 있는 생물이기 때문에 살기에 편한 곳을 찾아 정착합니다. 곰팡이는 해가 적게 들고 통풍이 잘 되지 않으며 습기가 많은 곳을 좋아합니다.

어떤 방이라도 물건이 하나도 없는 곳에는 곰팡이가 생기지 않습니다. 물건이 너무 많아 정리할 수 없을 때, 햇빛이 차단되었을 때, 바람이 통하지 않고 습기가 찰 때 곰팡이가 살 수 있는 환경이 조성됩니다. 물건이 너무 많아 정리할 수 없게 되었다는 것은 마음이 흐트러져 있다는 증거겠지요. 즉, 집 안 어딘가에 곰팡이가 생겼다는 것은 마음에 곰팡이가 생기고 있다는 신호입니다.

곰팡이가 생기지 않게 하려면 우선 곰팡이가 슬기 쉬운 물건을 가지고 있지 않아야 합니다. 또한 곰팡이가 슬기 쉬운 환경을 만들지 않는 것도 중요합니다. 그러기 위해서는 쓸데없는 것을 곁에 두지 않아야 하겠지요. 필요 없는 물건은 즉시 치우는 자세가 필요합니다. 정리정돈을 확실히 하고 도구를 쓴 뒤에 잘 말리세요. 특히 물을 쓰는 곳 주변에서는 물기를 반드시 없애야 합니다.

주변 환경이 눅눅해지지 않도록 주의하세요. 눅눅한 장소에는 곰팡이가 따라옵니다. 최근에 지은 밀폐성이 강한 건물의 경우, 창문의 결로 현상 때문에 곰팡이가 생기기도 합니다. 창문을 깨끗이 닦아 물기를 없애도록 합시다. 물기만 제대로 닦아 내면 항균 스프레이 같은 것을 쓰지 않아도 충분히 곰팡이를 예방할 수 있습니다.

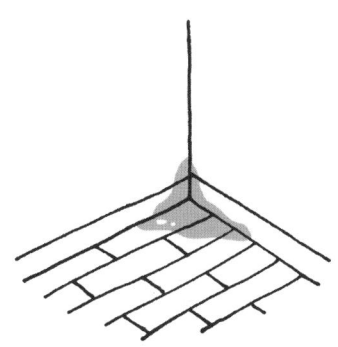

곰팡이가 생긴 방은 몸에도 마음에도 좋지 않습니다. 말끔하게 닦아 내고 항상 청결을 유지하세요.

마음에도 곰팡이가 슬지 않게 하려면 우선 생활환경 정화에 신경을 써야겠지요. 꼭 필요한 만큼만 물건을 소유하고 항상 정리정돈에 유의하면 마음에도 상쾌한 바람이 불 것입니다.

곰팡이 퇴치를 위한 법칙 1

- 필요없는 물건을 가지지 않는다.

곰팡이 퇴치를 위한 법칙 2

- 환기를 시키고 물기를 닦아 낸다.

청소를 도와주는 것들

편한 복장

일본에서는 스님이 작업을 할 때 '사무에(作務衣, さむえ)'라고 하는 작업복을 입습니다. 일본 전통 의복인 사무에는 움직이기 편하고 세탁도 간단하여 청소뿐 아니라 여러 상황에서 쓸모 있는 옷이지요.

심플한 사무에는 시간이 흘러도 한결같아 보이지만 계절에 따라 그 재질이 다릅니다. 여름에는 마로 된 얇은 천으로 만든 것, 겨울에는 안감에 두꺼운 면을 덧댄 것을 입습니다.

일반 가정집에서 청소를 할 때는 사실 특별한 옷이 필요하지 않습니다. 몸을 움직이기에 편하고 먼지가 잘 들러붙지 않는 소재의 옷이면 충분합니다.

수건

일본 문화는 수건과 함께 발전했다고 해도 좋을 만큼 수건은 예부터 일본인에겐 친숙한 용품입니다. 머리에 두른 수건과 낡은 사무에가 청소의 기본 복식이라고 하는 스님도 있을 정도니까요. 수건을 머리에 두르면 자연스레 '자, 시작하자' 하고 기합이 들어갑니다.

스님은 머리카락이 없어서 수건으로 머리를 보호하지 않으면 나뭇가지나 창호 모서리 등에 부딪혔을 때 바로 상처를 입게 됩니다. 집에서는 여성이 머리를 정리하여 청결을 유지할 때 쓸모가 있겠지요.

별다른 세탁법이 필요한 것은 아니지만 물 빠짐이 생길 수 있으므로 수건은 단독으로 세탁하는 것이 좋습니다. 또한 수건은 놀라울 정도로 잘 마르기 때문에 한 장만 있어도 청소 시에 매일 사용할 수 있습니다.

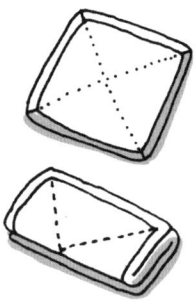

걸레

예전에는 가정에서 낡은 천을 포개어 꿰매거나 수건을 접어 걸레로 사용했지만, 요즘에는 가게에서 파는 기성품을 구입하는 경우가 많다고 합니다. 집에 재봉틀이 없거나 바느질이 서툰 경우도 있겠지만, 입지 않는 옷을 꺼내어 직접 만들어 보는 건 어떨지요.

불교에서는 행자가 입는 옷을 '분소의糞掃衣'라고 합니다. 분소의는 닳고 닳은 천을 이어 만듭니다. 너덜너덜하게 해진 천을 소중히 다루어 몸에 걸치는 것으로 오만불손함을 경계하고, 마음에 묻은 때를 벗기는 것입니다.

걸레도 마찬가지입니다. 새 천으로 걸레를 만드는 경우는 없습니다. 이제 소임이 모두 끝난 옷이나 수건 등을 활용해서 마음을 담아 정성껏 만들어 쓰는 것. 마지막까지 물건의 생명을 소중히 여기는 불교의 마음입니다.

양동이

청소에서 물은 하늘이 내린 최고의 천연 재료입니다. 실외 청소에는 빗물을, 실내 청소에는 목욕하고 남은 물을 활용해서 귀중한 물을 낭비하지 않도록 해야겠지요. 따라서 물을 모으는 양동이도 소중하게 다루어야 합니다.

양철 양동이는 가볍고 튼튼하여 청소에 최적이지만 녹이 스는 경우도 있으므로 물기를 없애고 보관해야 합니다. 청소할 때 양동이를 마룻바닥에 올려놓으면 둥그런 흔적이 바닥에 남게 됩니다. 이런 흔적을 남기지 않기 위해서는 마룻바닥에 먼저 걸레를 깔고 그 위에 양동이를 올려 두는 것이 좋습니다. 걸레를 짤 때에도 물이 흐르지 않도록 세심한 주의를 기울여야겠지요.

셋,

문 안팎의 청소

마룻바닥,
한 번 더 닦는
마음으로

절에서는 바닥을 닦는 것이 청소의 기본입니다. 특히나 수도승이 많은 절에서는 365일 바닥 청소를 하지 않는 날이 없습니다.

매일 철저히 닦기 때문에 세워진 지 몇백 년이나 지난 절도 마룻바닥의 결은 마치 화석처럼 잘 보존되어 있고 투명함마저 감돕니다. 또한 아무리 절 안을 돌아다녀도 양말 바닥이 더러워지지 않습니다.

스님들은 마룻바닥을 아름답게 유지하기 위해 더럽지 않아도 매일 닦습니다. 바닥을 닦으며 자기 자신의 마음을 닦는 것입니다. 일반 가정에서는 대개 바닥을 깨끗하게 유지하는 것이 목적인지라 이미 깨끗한 바닥을 다시 닦는 것에 어떠한 의미가 있을지 의심을 품을 수도 있겠지요. 하지만 매일 바닥을 닦다 보면 그 행위를 통해 자신의 마음을 청소하고 있다는 것을 실감하게 됩니다.

몸속에 먼지가 쌓이면 정신도 흐트러집니다. 그리고 이러한 상태는 그대로 더러운 방으로 나타납니다. 바닥이 지저분하다는 건 아마도 당신의 정신이 흐트러져 있다는 징조겠지요. 이렇게 내 마음의 혼란을 외부 환경에 비추어 확인할 수 있듯이, 외부 환경을 정리함으로써 내 마음을 다스리는 법을 익힐 수도 있습니다.

집을 청소하지 않고 그대로 놔두면 반드시 먼지가 쌓입니다. 또한 가을에 낙엽을 쓸고 돌아서면 그 순간 다시 잎이 떨어집니다. 마음도 마찬가지겠지요. 깨끗이 닦았다고 생각한 순간부터 더러움이 쌓이기 시작합니다. 과거에 대한 집착이나 미래에 대한 불안으로 가득 찬 마음은 '지금'이라는 순간으로부터 점점 멀어집니다.

그래서 승려들은 바닥을 닦는 데 전력을 다합니다. 청소는 바로 '지금'에 집중하는 수행인 셈입니다. 고집스레 방을 깨끗하게 유지하는 것도 이런 이유 때문이겠지요.

바닥은 닦기 전에 먼저 빗자루로 깨끗하게 쓸어야 합니다. 그다음 양동이의 물로 빤 걸레를 꽉 짜서 한 번에 닦습니다. 이때 세제는 쓰지 않습니다. 마른걸레로 다시 한 번 걸레질을 할 필요도 없습니다. 걸레를 꽉 짜면 물기가 거의 남지 않기 때문에 닦는 순간 물기가 마릅니다.

마룻바닥을 닦을 때는 잡생각에 빠지지 말고 자연스러운 자세로 닦는 행위에 집중하세요. 혼자서 닦을 때는 자신의 마음에 집중하고, 여러 사람과 함께 닦을 때는 다른 사람의 움직임도 살피면서 자신의 역할을 의식하고 있어야 합니다.

교토의 짓소인実相院, じっそういん은 정성스레 닦아 검은 윤기가 도는 마룻바닥에 비친 단풍을 감상할 수 있는 절로 유명합니다. 대체 얼마만큼 닦기에 마룻바닥이 검게 빛나고 다른 사물의 모습이 비칠 정도일까요?

가정에서도 마음을 비추는 거울을 닦는 것처럼 바닥을 닦아 보는 것은 어떨지요.

장지문,
수고로움의
가치

요즘은 일반 가정집에서 장지문을 보기 어렵습니다. 하지만 절에서는 여전히 장지를 바르는 것이 중요한 일거리 중 하나입니다. 불공을 드리러 오신 분, 그중에서도 특히 어린아이들이 무심코 구멍을 내는 일도 잦기 때문입니다. 찢어진 부분은 바로 원래 상태로 만들어 줘야 합니다.

장지는 찢어지지 않더라도 시간이 지나면 더러워지기 마련입니다. 걸레로 닦아 낼 수도 없지요 따라서 구멍이 뚫려 있지 않더라도 정기적으로 갈아 주어야 합니다. 절에서는 이 작업을 주로 계절이 바뀔 때 합니다.

무엇이든 손쉽게 쓰고 버릴 수 있는 세상입니다. 물건에 대해 감사하는 마음을 갖기란 쉽지 않지요. 하지만 장지는 사서 그대로 바꿀 수도 없고, 찢어지지 않는 창호지와 같은 것도 존재하지 않습니다. 현대 생활의 관점에서 보자면 꽤나 번거로운 물건입니다. 정기적으로 손질해 주지 않으면 유지할 수 없으니까요.

이러한 불편은 현대를 살고 있는 우리에게 많은 의미를 전달합니다. 장지를 통해 우리를 둘러싼 도구들이 얼마만큼 많은 수고를 거쳐 만들어진 것인지 알 수 있게 됩니다. 또한 시간과 노력을 들여 장지를 갈고 나면 자연스레 소중하게 써야겠다는 생각이 들게 됩니다.

예전에는 장지살에 높이가 맞는 종이를 몇 단으로 나누어 붙이는 방법이 주를 이루었지만, 최근에는 장지 한 장만으로 바르는 경우가 늘고 있습니다. 장지를 바르는 방법은 다음과 같습니다.

1. 물에 적신 스펀지 등으로 장지살을 문질러 풀을 녹이고 장지를 벗겨 냅니다.
2. 장지살을 깨끗이 닦고 잘 건조시킵니다.
3. 시작점이 될 살에 셀로판테이프로 장지를 고정시키고, 전용 솔로 빠짐없이 풀을 바른 뒤에 장지를 굴려 가며 붙입니다.
4. 여분의 종이를 커터 칼로 자르고 마무리합니다.

자기 손으로 마음을 담아 손질한 물건에는 온기가 깃들게 됩니다. 이 온기는 주변으로 전달되는 법이지요. 집을 방문한 손님도 방 구석구석까지 미쳐 있는 집주인의 온기를 느끼게 될 것입니다.

조명,
지혜의 빛을
닦듯이

높은 곳에 매달려 있는 전등갓을 매일 청소하는 것은 어려운 일입니다. 좀처럼 손이 가지 않는 위치에 있다 보니 절에서도 날을 정해 두고 정기적으로 청소합니다. 이처럼 매일 청소하기 어려운 장소도 청소하는 날을 각각 정해 두면 빠짐없이 깨끗하게 유지할 수 있겠지요. 이러한 장소는 대체로 혼자 청소하기 힘든 경우가 많으므로 가족과 함께 하시길 바랍니다.

이제는 전구가 일반적인 물건이 되었지만, 예전에는 날이 저물고 나면 얻을 수 있는 빛이 제한되었습니다. 지금처럼 전기를 사용하게 된 것은 그리 오래된 일이 아니지요. 전기를 당연하게 생각하지 말고, 전구가 더러워지거나 흐려져 귀중한 빛이 헛되지 않도록 깨끗하게 닦으세요.

   조명을 청소할 때는 먼저 먼지떨이로 먼지를 털어낸 다음 꽉 짠 걸레로 닦습니다. 같이 청소할 사람이 있다면 함께해도 좋습니다. 한 사람이 사다리에 올라가고, 한 사람은 밑에서 사다리를 잡아 주세요. 밑에 있는 사람이 위의 사람에게 걸레나 도구를 건네주면 됩니다. 마음에 빛을 켜듯 정성스럽게 닦아 보세요.

불교에서 빛은 지혜와 자비의 상징입니다. 불교의 궁극적인 목표는 인생의 괴로움을 극복하고 깨달음을 얻는 것입니다. 불교에서는 그 괴로움의 근본적인 원인이 무명無明에 있다고 여깁니다. 무명이라는 것은 빛이 없는 상태, 즉 어둠 속에서 헤매고 있는 상태를 말합니다. 사물의 진리가 보이지 않으니 번뇌가 쌓이고 괴로움이 생기는 것이지요. 이 무명을 깨뜨리는 것이 지혜, 즉 사물의 진리를 몸과 마음을 통해 아는 것입니다. 아미타여래의 머리 뒤에서 빛나는 광명도 모든 중생을 구원한다는 것을 나타냅니다. 부처의 지혜의 빛이 비출 때에야 비로소 무명에서 벗어날 수 있는 것입니다.

무명을 깨뜨리는
지혜의 빛을 닦는 마음으로
조명을 청소해 보세요.
평소의 번뇌가 조금은 가벼워질지도 모릅니다.

청소를 도와주는 것들

솔과 먼지떨이

솔은 장지문과 같이 섬세하고 흠집이 나기 쉬운 재질의 물건을 청소할 때 매우 유용합니다. 장지문의 창살에는 먼지가 쌓이기 쉽지만 걸레로 닦아 내기는 어렵습니다. 종이 재질이라 물이 닿아서도 안 되고 어설프게 닦으면 도로 더러워져 쓸데없이 지저분해 보이지요. 이럴 때 솔을 사용하여 부드럽게 먼지를 털어 내면 닦지 않아도 될 정도로 깨끗해집니다. 불상과 같이 특별한 물건도 부드러운 솔이나 먼지떨이로 마음을 담아 손질합니다. 기다란 먼지떨이는 천장 주변 청소에도 도움이 됩니다. 일본에서는 솔을 장인들이 전통을 이어받아 하나하나 정성스럽게 수작업으로 만듭니다. 솔을 사용하면 장인의 마음이 전해져 정성스럽게 청소하고 싶어집니다. 위에서부터 아래로 부드럽게 어루만지듯이 먼지를 털어 내면 흠이 생기지 않아 안심할 수 있습니다.

빗자루와 쓰레받기

절에서는 오래전부터 쓰던 빗자루와 쓰레받기를 여전히 사용합니다. 부처님에게는 마당을 쓸다가 깨달음을 얻은 제자도 있다고 합니다. 빗자루와 쓰레받기는 공간을 많이 차지하지 않고 전기도 필요 없으며 필요할 때 바로 꺼내 쓸 수 있습니다. 가볍고 휴대가 간편한 데다가 손질하기도 간단합니다. 진공 청소기보다 장점이 많은 물건이지요.

실내에서는 솔만으로 되어 있는 작은 빗자루가 가벼워서 쓰기 좋고, 실외에서는 낙엽 청소 등에 적합한 대빗자루를 사용하는 것이 좋습니다.

쓰레받기는 가볍고 튼튼한 양철 재질이 좋습니다. 절에서는 뚜껑이 달려 있는 양철 쓰레받기를 주로 사용합니다. 일반 가정집에서 많이 쓰는 플라스틱 재질은 쓰레받기 자체에 먼지가 잘 들러붙습니다. 실외에서는 커다란 정원용 쓰레받기를 사용하는 편이 편리하겠지요.

현관,
안팎의
경계

현관의 어원은 '현묘한 길(빼어난 길)로 들어가는 관문'입니다. 승려들이 수행에 들어가기 위한 관문인 현관이 더러워져 있으면 그 후의 불도수행도 엉망이 되겠지요. 절에서 현관을 특별히 신경 써서 깨끗하게 유지하는 것도 그 때문입니다. 이러한 의미가 점차 일반 가정까지 퍼져 현재의 현관이 되었습니다. 물론 일반 가정과 승려들의 수행도량이 다르긴 하지만 현관이 집의 안팎을 나누는 중요한 경계선이 된다는 것은 같기에 항상 청결하게 유지해야 합니다.

절을 방문했을 때 현관이나 화장실 같은 곳에서 '각하조고脚下照顧'라는 글귀를 본 적이 있나요? 이 말은 자기의 발밑을 잘 비추어 돌이켜 본다는 뜻으로, '신발을 정리하세요'라는 표어 대신 사용되기도 합니다. 신발을 벗어서 가지런히 놓지 못하는 사람은 마음이 흐트러져 있는 사람입니다. 평상시에 신발을 잘 정리하는 사람도 서두르거나 다른 일에 정신이 팔려 있을 때는 신발을 아무렇게나 벗어 놓기 마련입니다. 이것은 '지금'에서 마음이 멀어져 있다는 증거이지요. 마음을 가다듬는 첫걸음은 현관의 신발 정리에서부터 시작됩니다.

　손님이 방문했을 때 처음으로 눈이 가는 곳이 바로 현관문입니다. 하지만 청소할 때 가장 놓치기 쉬운 곳이기도 하지요. 매일 사람의 손이 닿는 문손잡이도 깨끗이 닦아 두세요.

　문패를 걸어 둔 집이라면 기억해야 할 것이 있습니다. 당신의 이름은 당신 자신을 나타냅니다. 문패가 더러워져 있거나 그 위에 먼지가 쌓여 있다면 나 자신에게도 먼지가 쌓여 있는 것이겠지요. 잊기 쉬운 곳일수록 신경 써서 청소해 주세요.

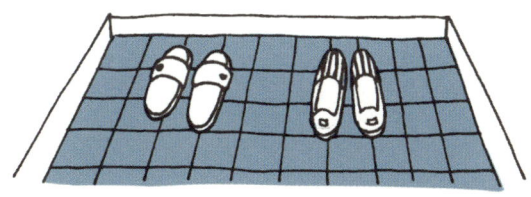

현관문을 열고 나면 현관에 들어서게 됩니다. 일본에서는 이 공간을 타타키三和土, たたき라고 합니다. 타타키는 신발을 신고 들어갈 수 있는 유일한 실내 공간입니다. 그래서 다른 어느 곳보다 더러워지기 쉽지요. 지금 바로 타타키를 한번 둘러보세요. 여름인데도 겨울 신발이 그대로 있거나, 겨울인데도 여름 신발이 나와 있지는 않은지요. 옷뿐만 아니라 신발도 계절에 맞는 것을 내어놓고 철 지난 것들은 잘 손질하여 넣어 두어야 합니다.

타타키에는 신발에 묻은 모래나 흙, 머리카락, 먼지 등이 쌓이기 때문에 매일 청소해야 합니다. 일반 가정에서는 실외용 빗자루와 쓰레받기로 쓸어 내기만 하는 경우가 많을 테지만 걸레로 물청소를 하는 것이 보다 효과적입니다. 빗자루로 쓸리지 않는 미세 먼지들이 남아 있기 때문이지요.

현관의 신발장에서 나는 냄새를 제거하기 위해 사용하는 탈취제는 뜨거운 물에 끓여 건조시키면 그 성능을 되살릴 수 있습니다.

현관에는 신발을 잘 정리해 두고 그 장소에 있어야 하는 것만 꺼내 두세요. 현관을 깨끗하게 유지하면 자연스럽게 마음이 정리되는 법입니다.

정원,
자연과의
소통

정원은 자연과 소통하는 장소입니다. 사람은 자연 상태 그대로에서는 살아갈 수 없으며 자연이 없어도 살아갈 수 없습니다. 그런 의미에서 정원은 자연의 미묘한 균형 속에 살고 있는 '나'라는 생명의 본질을 알 수 있는 가장 좋은 학습장이지요.

절에 따라서 자연을 상징적으로 따온다거나 정토의 세계를 표현하는 등 다양한 모습으로 정원을 가꾸지만 거기에는 반드시 절만의 독특한 세계관이 담겨 있습니다. 정원의 모습은 사람에 따라 달라 보입니다. 보는 사람의 마음이 비치기 때문이지요. 초목의 소리를 귀 기울여 듣고 그 소리에 호응하는 내 마음의 소리를 들어 보세요. 자연과의 대화는 이렇게 시작됩니다.

이제 정원 청소를 시작해 볼까요. 초목에 힘이 없어 보인다면 물을 주고 잡초가 자라 있다면 풀을 베어 주세요. 풀을 벨 때에는 뿌리를 끊듯이 흙 가까이 낫을 집어넣어 주세요. 낫이 너무 깊게 들어가면 흙이 묻어 나와 지면이 파이게 됩니다. 실외에서 쓰는 정원 도구는 쉽게 녹이 슬 수 있으므로 보관에 주의를 기울여야 합니다. 낫이나 가위 같은 도구는 미리 갈아 두지 않으면 쓸데없이 힘을 쓰게 되고 다칠 수도 있습니다. 다 쓴 뒤에는 깨끗이 흙을 털고 숫돌로 갈아 낸 다음, 물기를 닦아 보관합니다. 수고롭지만 미리 이렇게 손질해 두면 다음에도 기분 좋게 정원 청소를 시작할 수 있습니다.

정원 청소를 할 때는 사무에와 목장갑, 군용 양말 등을 착용하면 편리합니다. 활동이 용이하고 흙이 묻어도 세탁이 간단하기 때문입니다. 스님처럼 수건을 둘러서 머리를 보호하는 것도 좋겠지요.

정원 청소에서 가장 중요한 부분은 오늘 얼마만큼 할지 작업 분량을 미리 정하는 것입니다. 한번 할 때 너무 무리하면 피로가 쌓이게 되고 머지않아 작업을 지속하기 어려워집니다. 자연을 느끼며 느긋하게 정원 청소를 해 보세요. 절에서는 주로 아침과 저녁에 정원 청소를 합니다. 아침부터 시작해서 해가 중천에 뜬 점심엔 잠시 휴식을 취한 뒤 해가 저물고 난 뒤부터 다시 시작합니다.

청소를 할 때 수분을 충분히 섭취하는 것도 중요합니다. 차를 마시면서 잠시 쉬면 지치지 않고 끝까지 힘을 내서 할 수 있습니다.

가능하면 제초제는 쓰지 않습니다. 지렁이나 두더지 같은 생물에게 해를 입히고 토양의 질에 영향을 줄지도 모르기 때문이지요. 정원을 아름답게 유지하려면 전체적으로 자연을 두루 살펴야 합니다. 모든 생명은 서로 이어져 있다는 사실을 기억해 두세요.

자연과의 대화는 우리의 마음을 풍요롭게 합니다.
자연을 세심하게 관찰하면서,
내 마음도 세심하게 살피도록 하세요.

유리창,
한 점의 얼룩도
없도록

불교에서는 정견正見, 즉 자아라는 자기중심적 관점을 통해 보느라 흐려져 버린 시계視界를 극복하고 사물의 본질을 간파하는 힘을 중시합니다. 사물을 있는 그대로 보고, 있는 그대로 받아들일 수 있게 된다면 깨달음의 경지에 오른 것이지요. 이런 정견 상태를 목표로 하여 유리창을 의식하지 않고도 건너편의 경치를 볼 수 있어야 합니다. 그러므로 한 점의 얼룩도 남기지 말고 닦아 내도록 합시다.

유리창은 헝겊보다 종이와 궁합이 맞습니다. 헝겊으로 닦으면 털 같은 찌꺼기가 남을 수 있지만 종이는 그렇지 않습니다. 제일 좋은 도구는 쉽게 구할 수 있는 신문지입니다. 적당한 크기로 꾸깃꾸깃 접은 신문지에 소량의 세제와 물을 묻혀 유리창을 닦습니다. 시판되는 세제도 괜찮지만 주변의 재료를 활용하면 충분히 훌륭한 세제를 만들 수 있습니다. 비눗물에 식초를 섞으면 어떤 얼룩도 잘 지워집니다. 처음에는 전체적으로 눈에 띄는 얼룩을 지우고, 가로세로 규칙적으로 신문지를 움직여 구석구석 닦아 냅니다. 물기가 없어질 때까지 닦아 내세요.

유리창은 순결과 무욕의 상징입니다. 유리창이 탁해져 있거나 손때가 묻어 있으면 마음마저 흐려지기 마련입니다. 마음을 닦아 내듯 유리창을 닦아 봅시다.

방충망,
세상과 호흡하는
통로

사람은 호흡이 막히면 살 수 없습니다. 호흡이라는 것은 신체의 안과 밖을 잇는 기의 흐름입니다. 그래서 좌선이나 명상 등에서는 호흡을 굉장히 중요시하지요. 창문은 집의 안팎을 잇고 집이 숨을 쉬는 통로입니다. 대부분의 집에는 유리창에 방충망도 함께 설치되어 있습니다. 창문이 깨끗해도 방충망이 더러우면 공기가 오염되기 마련입니다. 자세히 보면 실외에 노출되어 있는 방충망은 생각보다 지저분합니다.

방충망의 틈이 막혀 있으면 공기가 탁해져 숨 막히는 집이 되어 버립니다. 늘 깨끗이 청소해서 기의 흐름을 정돈합시다.

방충망을 정기적으로 청소했다면 괜찮겠지만, 대부분은 많

이 더러워져 있을 것입니다. 신문지를 충분히 적셔서 닦아 내거나 창에서 분리하여 물로 씻어 내세요. 방충망을 씻은 뒤에는 충분히 말리는 것이 중요합니다. 덜 말리면 방충망 안에 있는 물이 흘러나와 창틀이나 지면을 더럽히게 됩니다.

    방충망은 공기가 지나가는 길입니다. 그 길이 막히는 일이 없도록 청소합시다.

    마음에도 바람이 통하도록 정성스럽게 씻어 주세요.

어프로치*
조금은
느긋해지자

 절에는 대부분 참도参道**가 있습니다. 방문객은 반드시 이 참도를 지나 자세를 바로 하고 부처님에게 참배합니다. 절 밖에서 경내로 발을 들이고 잠시 참도를 걸으면서 부처님을 볼 마음가짐을 갖추게 되는 것입니다.

물론 일반 가정에는 참도가 없습니다. 하지만 대문에서 현관까지 이어지는 길이 힘차게 나갔다가 무사히 돌아오는 가족들의 소중한 참도가 아닐까요. 날씨가 건조하다면 가족이 돌아오기 전에 먼지가 일지 않도록 물을 뿌려 두는 것도 좋겠지요. 나

---

* 대문에서 현관까지의 뜰.
** 절이나 신사에서 참배하러 가기 위해 지나는 길.

를 기다려 주는 사람이 있다는 기쁨과 무사히 돌아와 준 것에 대한 감사의 마음을 서로 확인할 수 있습니다. 하루를 무사히 마친 것에 감사하며 조금은 느긋한 시간을 가져 보세요.

    아파트에 살더라도 엘리베이터에서 현관까지를 참도라고 가정할 수 있겠지요. 모두 함께 쓰는 곳을 깨끗이 청소한다면 이웃 간에도 서로 감사하는 마음이 퍼지게 될 것입니다.

청소를 도와주는 것들

목장갑

실외 청소에서 빼놓을 수 없는 것이 장갑입니다. 장갑을 끼면 손을 보호할 수 있을 뿐 아니라 움직이기도 쉬워집니다. 목장갑을 더러워진 채로 방치하면 다시 깨끗하게 만들기가 어렵습니다. 쓰고 난 목장갑은 손에 낀 채로 비누를 이용해 보통 손을 씻듯이 씻어 낸 뒤 꼭 짜서 말려 두어야 항상 깨끗하게 유지할 수 있습니다.

참고로 경내에서는 청소를 할 때 장갑을 끼지 않습니다. 맨손에 맨발, 혹은 버선을 신는 것이 기본이지요.

낫 · 가위 · 숫돌

정원 손질에서 낫과 전지가위를 빼놓을 수는 없습니다. 이 도구들은 다 쓰고 난 뒤에 확실히 손질하여 보관해야 하는데, 그러기 위해서는 숫돌이 필요합니다. 흙이 묻은 채로 그냥 방치하면 칼날 부분이 녹슬어 버립니다. 보관하기 전에 제대로 씻어 흙이나 물기를 없애야 합니다.

이때 낫은 숫돌에 갈아 다음에 바로 쓸 수 있는 상태로 만들어 두는 것이 중요합니다. 갈아 놓지 않은 낫을 사용하면 쓸데없이 힘이 들어가 쉽게 지치거나 다칠 수 있습니다. 숫돌이 나쁘면 날도 무뎌집니다. 숫돌은 사용한 뒤에 잘 씻고 물기를 닦아낸 다음, 수건 같은 것으로 싸서 보관합니다.

기분 좋게 풀베기를 시작할 수 있도록 도구를 미리 손질해 놓는 건 어떨까요.

네엣,

몸과 마음의 청소

세면, 타인에 대한 예의

주변 청소뿐만 아니라 나 자신의 몸과 마음의 청소도 중요합니다. 대부분의 사람들은 아침에 눈을 뜨면 가장 먼저 세수를 합니다. 자연스레 몸에 익은 습관일 텐데, 과연 세수는 어떤 의미를 지니는 것일까요?

도겐 선사는 '경을 읊고 회향*한다 한들 그 전에 세수를 하지 않았다면 무례한 것이 될 수 있다'고 말씀하셨습니다. 즉 아침에 일어나 세수를 하지 않으면 모든 일이 예의에 어긋난 것이 될 수 있다는 의미입니다. 단지 지저분하다고 해서 세수하는 것이 아닙니다. 설령 지저분하지 않더라도 세수라는 행위 자체가

• 자기가 닦은 공덕을 다른 중생이나 자신에게 돌림.

중요한 것입니다. 몸을 깨끗이 하고 마음을 닦는 세수는 사람을 만날 때 최소한의 예의입니다.

에이헤이지에서는 세수를 할 때 세면 수건이라고 하는 2미터 정도의 긴 수건을 사용합니다. 그 수건을 목이나 소매 등에 걸쳐 법의에 물이 묻지 않도록 한 다음 세수를 합니다. 또한 세수를 할 때 한 대야 이상의 물을 쓰지 않습니다. 대야에 담긴 물로 양치와 세안을 하고 머리도 감아야 합니다.

물은 자연이 준 선물이고, 인간과는 떼어 놓고 생각할 수 없는 귀중한 것입니다. 절에서는 그 보물을 자연에서 조금 나눠 받아 낭비 없이 쓰고, 자연으로 돌려보내고 있습니다. 늘 자연에 감사하는 마음으로 세안을 합니다.

일반 가정에서는 전통 복장으로 세안을 할 리 없으니 긴 수건 대신 일반 수건을 쓰면 됩니다. 단, 물을 절약하는 것을 잊지 말고 소량의 물을 대야에 담아 세안을 합시다.

아침 세안은 더러움을 없애는 것이 주목적이 아니므로 비누를 쓰지 않아도 괜찮습니다. 이마, 눈썹, 눈, 코, 볼 순서로 씻은 다음 귀 뒤와 턱을 차례대로 씻습니다. 수도꼭지를 틀어 놓지 말고 대야에 물을 담아 쓰는 것이 좋겠지요. 다 쓴 수건은 바로 세탁하여 햇볕에 말리는 것이 좋습니다.

고작 세수라고 얕봐서는 안 됩니다. 매일 반복하는 일이야말로 내가 지금 무엇을 하고 있는지 의식하며 정성스럽게 해야 하는 법입니다. 그것이 마음을 개운하게 유지하는 방법입니다.

제아무리 일찍 일어난다고 해도 세수를 해야 눈이 뜨이고 마음이 말끔해집니다. 어느 순간에는 마음속까지 깨끗하게 씻겨 있을 것입니다.

수면,
몸이 쉬는
시간

절에서는 기본적으로 일찍 자고 일찍 일어납니다. 밤에 일찍 자면 다음 날 아무리 일찍 일어나더라도 에너지가 충분해서 낮 동안 활기차게 활동할 수 있습니다.

낮에 여러 가지 작업을 하며 열심히 몸을 움직이고 큰 소리로 독경을 하며 그날의 에너지를 다 쓰면 밤에 푹 잘 수 있습니다. 잠이 오지 않아 뒤척이는 일도 없지요.

낮에는 실컷 몸을 움직이고 밤에는 일찍 자도록 합시다. 물론 필요 이상의 잠을 자는 것은 타면惰眠, 즉 게으름을 피우며 잠만 자는 행위입니다. 수면욕도 번뇌의 하나입니다. 필요 이상의 수면을 취하면 그 욕구에 얽매이게 됩니다.

　　부처를 일컫는 붓다Buddha는 '눈을 뜬 자'라는 의미입니다. 규칙적인 생활을 통해 숙면을 취하고 아침 햇살에 기분 좋게 눈떠 보세요.

호흡,
명상의
기본

요가를 배워 본 사람들은 잘 알겠지만, 인도에서는 예전부터 호흡을 가지런히 하는 것으로 마음을 정리하였습니다. 부처님이 깨달음을 얻으셨을 때도 보리수 아래에서 호흡을 가다듬으며 조용히 명상 중이었다고 하지요.

깨어 있을 때도 자고 있을 때도 우리는 살아가고 있는 것입니다. 미처 인식하지 못하는 순간에도 생명은 이어지고 있지요. 매 순간 심장은 뛰고, 혈액은 순환하며, 위장은 소화를 하고, 폐는 호흡합니다. 인간의 생명을 유지하는 이러한 운동 중에서 자기 의사로 제어할 수 있는 운동이 바로 호흡입니다. 마음이 흐트러져 있으면 호흡도 흐트러집니다. 마음과 호흡이 서로 이어져 있다는 증거이지요.

호흡은 '뱉고 나서 들이마시는 것'이 기본입니다. 새로운 것을 받아들이기 전에 먼저 내 몸 안에 있는 것을 밖으로 꺼내야 합니다. 호흡을 가지런히 하는 것만으로도 흐트러져 있던 마음이 안정될 것입니다.

1. 단전(배꼽 밑)을 의식하면서 단전을 짜내듯이 입에서 천천히, 길게 숨을 내뱉습니다.

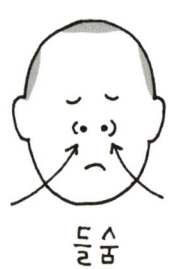

2. 숨을 다 뱉으면 단전에 공기를 집어넣듯이 코로 크게 숨을 들이마십니다.

양치,
입은 우리 몸의
출구

인간의 몸에서 입은 실로 다양한 역할을 합니다. 먹고 말하고 숨을 쉬고…… 이 모든 것이 입을 통해 이루어집니다.

불교에서는 '신身, 구口, 의意의 삼업三業'이라 하여 인간의 행위를 세 종류로 구분합니다. 이때 몸으로 짓는 업이나 마음으로 짓는 업만이 아니라 입으로 짓는 업도 단정하게 하라고 가르치고 있습니다. 양치질은 말이 나오는 출구인 입을 깨끗이 하는 행위입니다.

절에서는 양치질을 하는 법이 정해져 있습니다. 먼저 이때 부르는 노래를 짧게 게송˚하고 치아 겉면과 안면을 갈듯이 잘 닦

˚ 부처의 공덕이나 가르침을 노래로 찬탄하는 것.

아야 합니다. 충치를 예방하기 위해서는 치아뿐 아니라 혀도 잘 닦아야 겠지요.

깔끔하게 잘 닦인 치아는 입으로 짓는 업을 단정히 하는 첫 걸음입니다.

이발,
번뇌를 덜어 내는
마음으로

스님의 상징이라고 하면 대부분 삭발한 머리를 떠올리겠지요. '스님 머리'라는 말이 있을 정도로 대부분의 종파에서는 기본적으로 삭발을 합니다. 재가불교*이기에 머리를 꼭 밀지 않아도 되는 정토진종에서도 스님이 되고자 할 때에는 삭발을 합니다. 불가에 입적하며 각오를 다지면서 그때까지의 모든 허식을 떨쳐 내는 것이지요.

일반인들은 머리가 길었다고 느껴지면 자르러 가지만 에이헤이지의 스님들은 4와 9가 붙는 날(사구일)에 삭발을 합니다. 삭발이라는 행위를 통해 마음을 다스리고 번뇌를 떨쳐 내는 것입니다.

• 집에 머물면서 스님처럼 도를 닦음.

에이헤이지에서는 수염과 머리를 밀 때 면도 크림이나 비누를 쓰지 않습니다. 이 때문에 아직 이발에 익숙하지 않은 승려들은 상처를 입는 경우도 있지요. 한정된 물을 소중하게 쓰고 될 수 있으면 쓸데없는 불순물을 만들지 않도록 하여, 물을 자연으로 환원하기 위한 것입니다.

여러분도 나만의 사구일을 정해 놓고 마음을 정돈해 보는 것은 어떨지요.

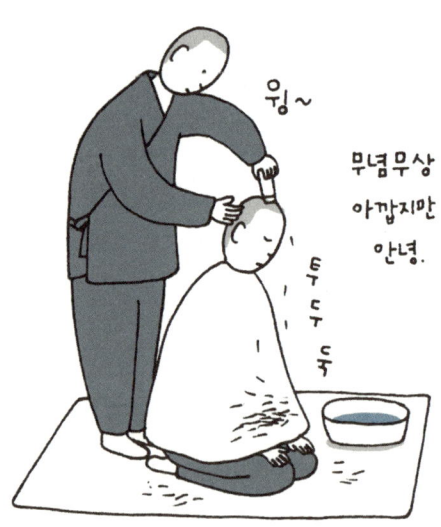

배설,
내 몸에 대한
관심

저는 배설할 때에 '인간이란 참 대단하구나'라고 절실하게 느낍니다. 밥을 먹고 나면 몸에서 서서히 소화하며 영양소를 흡수하고, 마지막으로 남은 찌꺼기는 대소변이 되어 자연스럽게 배설됩니다. 사람의 신체는 남아도는 것을 청소해서 밖으로 내보내는 기능을 갖추고 있습니다. 땀이나 때도 그러하지요. 몸은 평생 한순간도 쉬지 않고 계속해서 활약하는 것입니다.

우리는 어린 시절에 배설의 방법이나 화장실 사용법을 배웁니다. 하지만 성인이 되어서는 화장실의 법도에 대해 배울 기회가 거의 없습니다. 다른 사람들이 어떻게 하는지 볼 기회도 없으므로 대부분은 자기 나름의 방식으로 별 고민 없이 배설을 하고 있겠지요.

하지만 절에서는 배설이 의식에 따라 이루어지는 행위입니다. 앞서 말한 것처럼, 화장실은 우스사마묘오를 모신 장소로서 소중히 여겨져 왔습니다. 그러므로 화장실 법도도 세세하게 정해져 있습니다.

먼저 화장실을 쓰기 전에 물이 든 통을 정해진 장소에 두고 변기*를 향해 선 다음, 왼손을 허리에 대고 오른손 집게손가락으로 탄지를 합니다. 탄지란 집게손가락으로 엄지손가락을 튕기는 동작을 가리킵니다. 화장실 사용 전후에 '딱딱' 소리를 내면서 탄지를 세 번 반복합니다. 소리를 내어 노크를 대신한다는 의미도 있고, 일을 본 뒤 부정한 것을 정화시킨다는 상징도 있지요.

법도를 정확히 따르려면 엉덩이를 닦을 때 종이를 쓰지 않고 들통에 담긴 물을 사용해야 하지만 지금은 현대식으로 바뀌었습니다. 인도에서는 여전히 들통의 물을 써서 왼손으로 씻는 방식을 지키고 있습니다.

화장실이라는 공간은 승려에게도 유일하게 혼자서 긴장을

• 여기서는 재래식 변기를 가리킴.

풀 수 있는 장소입니다. 그래서 몸과 마음도 느슨해지기 쉽지요. 이렇게 인간의 본능과 가까운 장소일수록 더욱더 의식적으로 마음의 긴장을 유지하고 정화에 힘쓸 수 있도록 노력해야 합니다. 일반 가정에서도 마찬가지입니다. 가족 모두가 기분 좋게 지낼 수 있도록 화장실을 깨끗하게 사용함과 동시에 몸속 노폐물을 배출하는 배설이라는 행위에 좀 더 관심을 기울여 보길 바랍니다.

물론 긴장감을 유지하고 주의 깊게 행동하는 것 말고도 신발을 가지런히 하거나 종이를 정리하는 등 다음 사람을 위한 배려도 잊지 마세요.

식사,
먹지 않고는
살 수 없습니다

바쁜 현대인 중에는 식사 시간 마저 아끼기 위해 무엇을 먹고 있는지도 모를 정도로 급하게 밥을 먹는 사람이 많습니다. 하지만 인간은 음식이 없으면 살아갈 수 없기 때문에 그만큼 식사는 중요한 문제입니다.

식사는 신체를 유지하는 행위입니다. 식사를 소홀히 하는 것은 신체를 소홀히 하는 것이지요. 또한 신체를 소홀히 한다는 것은 그 안에 담긴 마음도 소홀히 하는 것입니다. 차를 마시기 위한 다도茶道처럼 식사 역시 법도가 중요합니다.

다도를 즐기는 사람이라면 잘 알겠지만, 차는 원래 약으로서 선불교와 함께 일본에 전해졌습니다. 한 잔의 차를 끓여 내는 행위가 하나의 법도로서 발전한 것도 불교의 영향을 빼놓고는 이야기할 수 없습니다. 이처럼 불교에서는 예부터 식사의 법도를 중요시해 왔습니다.

절에서는 공양 전후에 전원 합장을 하고 감사의 말을 외칩니다. 또한 공양 중에는 말을 하지 않습니다. 식사를 할 때 천천히 꼭꼭 씹어서 음식의 맛을 충분히 느껴 보세요. 배가 어느 정도 차면 그만 먹도록 합니다. 천천히 꼭꼭 씹어 먹으면 적당한 정도에서 만복중추滿腹中樞•가 자극되어 자연스레 배가 부르게 됩니다. 이렇게 되면 과식하는 일도 없겠지요.

신심일여身心一如.

몸과 마음은 따로 떼어 생각할 수 없습니다. 식사와 법도, 그리고 감사하는 마음이 모두 모여 비로소 몸도 마음도 말끔해지는 것입니다. 일반 가정에서도 식사를 할 때 서로에게 감사의 인사를 전해 보는 것은 어떨지요.

• 식욕 또는 갈증이 충족되면 음식물에 대한 욕구가 없어지게 하는 중추.

다섯,

청소의 끝

소유하지 않는 일

수행 중인 승려는 놀라울 정도로 작은 공간에서 기거합니다. 다다미 한 장 크기의 공간에서 좌선, 식사, 수면이 모두 이루어지는 것이지요.

예전에 승려가 되기 위해 공부하던 교토의 한 절에서는 필기도구나 속옷 등과 같이 생활에 꼭 필요한 최소한의 도구 이외에는 일체 반입 금지였습니다. 열 명 정도가 같은 방에서 단체 생활을 하며 날이 밝기 전부터 일어나 독경을 하고 정해진 일과를 묵묵히 수행했습니다. 잡념이 생길 틈이 없었지요.

사실 소유하지 않는 삶은 굉장히 기분 좋은 것입니다. 물건을 소유하는 데 집착하지 않고 무소유의 생활을 하면 마음의 자유를 얻게 됩니다. 승려로서 무소유의 생활을 하면서 깨달은 것이 있습니다. 결국 '좋은 것'만이 수중에 남는다는 깨달음입니다. 사람이 품과 시간을 들이고 마음을 담은 가치 있는 명품만이 마지막까지 남게 됩니다.

좋은 물건과 조우하게 되면 물건을 소중히 한다는 것의 의미를 알게 됩니다. 그 물건에 담긴 마음이 손을 통해 전해지기 때문이지요. 물건을 소중히 하는 마음은 소중히 하고 싶은 물건이 있어야 생기는 법입니다. 언제 부서져도 상관없다고 여겨지는 물건들에만 둘러싸여 있다면 물건을 소중히 한다는 것의 의미를 알 수 없겠지요.

아이들이 있는 가정이라면 될 수 있는 한 필요 없는 물건을 줄이고 좋은 물건만 남겨 두세요. 어릴 때부터 옻칠한 식기를 소중하게 다루는 법을 배우면 물건의 질감에 대한 감각이 길러지겠지요. 물건을 살 때에도 하나하나 철저하게 살펴보고 정말 필요한 것, 나와 기분 좋게 생활할 수 있는 것만을 고르면 청소가 쉬워집니다.

사람의 수고가 깃든 물건은 조금 값이 비쌀지도 모릅니다. 하지만 오래도록 곁에 둘 수 있습니다.

무일물중무진장無一物中無尽蔵.

어떤 것도 지니지 않고 집착하지 않는 경지에 달하면 무한한 세계가 펼쳐진다는 공空의 가르침입니다.

소중한 물건을
떠올려 보세요.

물건의 제자리를
찾아 주는 일

수행승의 방은 굉장히 단순합니다. 생활에 필요한 최소한의 것만을 지니고 있기 때문에 물건의 개수가 적습니다. 그 한정된 소지품도 두는 장소가 정해져 있어 공간이 어질러지는 일은 없습니다.

있어야 할 곳에 있는 것.

당연한 일 같지만 생각처럼 쉽지는 않겠지요. 사용할 때 꺼내고 다 썼으면 원래 자리에 돌려놓는 아주 간단한 일이 어째서 이토록 어려운 것일까요. 그것은 물건을 다루는 일에 품위가 떨어졌기 때문입니다. 즉 여러분의 마음이 조잡해졌다는 의미입니다.

막 불가에 입적한 승려는 선배들에게 물건이 있어야 할 장소에 대해 가르침을 받습니다. 빗자루, 쓰레받기, 양동이, 발우 등 모든 것에 있어야 할 자리가 정해져 있습니다. 자신이 소지한 물건에 대해서도 그렇습니다. 불경을 책상 위에 어떻게 놓아야 하는지까지 모두 정해져 있기 때문에 조금이라도 어긋나면 선배들로부터 꾸지람을 듣기 일쑤입니다. 그러한 법도를 모두가 몸으로 익히다 보니 있어야 할 것이 있어야 할 자리에 있는 상태가 항상 유지되는 것입니다.

친구인 도반 승려가 재미있는 말을 한 적이 있습니다.

"처음엔 물건을 두는 곳을 들고 외워서 정리정돈을 했을 뿐인데 이것을 반복하다 보니 점점 물건의 소리가 들리는 것 같아. 물건이 어디에 있어야 하는지 물건에 물으면 자연스레 알 수 있지."

물건의 소리를 듣는다는 것은 마음이 조잡한 상태에서는 결코 할 수 없는 일입니다. 물건을 정성스럽게 사용하고 마음 귀를 기울이면 비로소 그 물건의 소리가 들려오게 되는 것입니다.

또한 물건을 보관해야 하는 곳, 즉 '방'이라는 공간에 대해서도 속속들이 잘 알아야 합니다. 마치 그 공간이 내 몸의 일부인 것처럼 느껴질 때까지 매일 청소를 반복하세요. 물건의 본질을 간파하고 공간을 구석구석 알고 나면 그 물건이 어디에 보관되어야 하는지 알 수 있습니다.

물건의 제자리를 찾아 주는 일. 그것이 청소의 기본입니다.

사계절을
몸으로 느낄 수
있습니다

절의 생활은 사계절의 변화와 함께합니다. 한 해의 시작을 축하하는 원단회元旦会부터 봄이 왔음을 느끼는 춘피안春彼岸, 부처님 오신 날을 축하하는 꽃 축제, 여름의 풍물시인 우란분회盂蘭盆会, 단풍의 계절이 시작되는 추피안秋彼岸, 그리고 범종의 소리와 함께 제야회除夜会로 한 해가 마무리됩니다.

절에서 생활하면 계절의 변화를 몸으로 느낄 수 있습니다. 스님이라서 다행이라고 생각하는 것 중 하나이지요. 일본은 사계절의 변화가 뚜렷한 나라입니다. 도쿄 시내에 있는 절에서도 봄에는 아름다운 벚꽃이나 매화로 눈이 즐겁고, 여름이나 가을에는 매미나 귀뚜라미 소리가 들려옵니다. 계절의 변화를 피부로 느끼는 기쁨을 누릴 수 있습니다.

깨끗하게 청소를 마쳤다면 계절의 변화를 방 안에도 들여놓는 게 어떨지요. 방에서도 계절을 느낄 수 있는 부분들이 많습니다. 도코노마床の間는 제철 꽃으로 장식하고, 족자도 어울리는 것으로 바꿔 줍니다. 계절에 맞는 향으로 바꾸는 것도 좋겠지요. 겨울에는 장지문으로 따뜻함을, 여름엔 발을 친 문으로 시원함을 연출합니다. 장지를 갈 때도 계절을 느낄 수 있어 즐겁습니다.

봄과 가을에는 옷 정리도 해야겠지요. 법복이나 가사에도 하복과 동복이 있습니다. 하복을 처음 입는 날에는 약간의 서늘함 사이로 여름의 바람을 느낄 수 있고, 동복을 처음 입는 날에는 묵직한 옷의 느낌이 겨울이 왔음을 알려 줍니다. 사무에도 계절에 따라 안감이 있는 것과 없는 것으로 나누어 사용하고 있습니다. 스님이 입는 의복은 법식용 가사의, 간단한 승복, 작업용 사무에로 세 가지 정도입니다. 한정되어 있으므로 오늘 무엇을 입을지 망설이는 일은 없습니다. 꼭 필요한 도구나 옷만 갖추고

• 일본식 방의 윗목에 바닥을 한 층 높여 만든 곳.

규칙적인 생활을 유지해 나간다면 계절의 변화를 직접 몸으로 느낄 수 있습니다.

자, 그럼 창문을 열어 보세요. 밖에서 들어오는 신선한 공기. 계절에 따라 변하는 바람의 냄새. 시간의 흐름을 알리는 벌레 소리, 새의 울음소리. 지금도 자연은 시시각각 변하고 있습니다.

선어*들을 모아 놓은 『갈등집葛藤集』이라는 책에는 '봄의 햇빛은 모든 숲의 꽃을 피우고, 가을에는 모든 물에 달이 비친다春入千林処々花 秋沈万水家々月'라는 구가 나옵니다. 부처님의 자비는 대자연의 곳곳에 미쳐 있고 모든 사람에게 닿아 있다는 말입니다. 여러분의 눈에 비치는 자연은 여러분의 마음을 비추고 있습니다.

* 선종의 가르침.

한 해를 보내는
대청소의 날

매일 반짝반짝 빛나게 청소하는 절에서는 대청소를 하지 않아도 될까요? 그렇지 않습니다. 절에서는 마룻바닥이나 물기가 있는 곳은 매일같이 닦고, 조명 기구나 높은 곳에 있는 창문도 날을 잡아서 정기적으로 청소하므로 일 년을 놓고 보았을 때 한 번도 청소를 하지 않는 곳은 없습니다. '더러움을 없애다'라는 의미에서 보자면, 대청소는 필요 없다고 생각할 수도 있겠지요. 그러나 청소는 마음의 때를 없애는 것입니다. 대청소는 일 년 동안 쌓여 있던 마음의 때를 벗기는 것이지요. 절에서 연말 대청소를 중요하게 생각하는 이유입니다.

예전에는 연말 대청소를 '그을음 없애기(스스하라이, 煤払い)'

라고 불렀습니다. 아궁이에 장작을 지피고 초나 등유 램프를 사용하던 시절이므로 방에 그을음이 쌓여 있었겠지요. 지금도 많은 절에서는 연말 대청소를 '그을음 없애기'라 부릅니다.

혼간지本願寺, ほんがんじ*에서는 12월 중순쯤 승려뿐 아니라 일반인들도 참가할 수 있는 본당 대청소가 열립니다. 외진(일반인들이 불공을 드리는 장소)에서 대기하고 있으면 큰 짚신을 신은 혼간지 주지 스님이 나와 아미타여래상 앞으로 갑니다. 주지 스님은 정면에서 합장 예배한 후, 길이가 4미터나 되는 거대한 빗자루로 불상이 안치되어 있는 대좌를 씁니다.

그리고 나서 친란** 성인의 상 앞에서도 역시 같은 행동을 반복합니다. 주지 스님이 합장하고 예배한 후 대좌를 쓰는 것까지 끝내면 모두 일렬로 늘어서 일제히 청소를 시작합니다. 예부터 전해 오는 전통대로 1미터 정도의 대나무 봉으로 다다미를 탁탁 두드린 다음, 바깥으로 나온 그을음을 큰 부채로 부쳐 보내고 마지막에 빗자루로 쓸어 내는 것입니다. 청소라기보다는 행사에 가

• 1496년에 지금의 오사카 지역에 창건된 정토진종 종파의 사찰.
•• 일본 가마쿠라 시대의 승려로 정토진종의 창시자.

깝지만 대청소는 모두가 함께하는 것이라는 생각을 하게 됩니다.

올해도 온 가족이 함께 일 년을 무사히 보낸 것을 기뻐하며 대청소를 해 보면 어떨까요. 가족이라는 인연은 우리 마음의 기반입니다. 가정의 연중행사로 함께하는 대청소는 의미 있는 경험이 될 것입니다. 연말 대청소 때는 보통 손이 잘 가지 않던 곳을 중점적으로 청소하지만, 가족끼리라면 각자 늘 담당하던 곳을 벗어나 새롭게 역할 분담을 하는 것도 좋은 방법입니다. 청소를 통해 가족 간의 애정과 고마움이 더욱 깊어질 것입니다.

editor's note
책을 마치며

"책상부터 치워야 제대로 공부할 수 있을 것 같아요."

시험을 앞둔 학생들 중 상당수가 이런 말을 자주 한다. 제대로 꽂혀 있지 않은 문제집, 여기저기 굴러다니는 필기도구들 때문에 산만해서 공부가 안 되니까 책상정리부터 하겠다는 말이다. 그땐 나도 예외는 아니었다. 시험계획표 만큼 치밀한 청소계획표를 만들었으니까. 하지만 그런 말은 핑계였을 뿐이라는 걸 머지않아 알게 된다. 정리하는 데에만 힘을 쏟아버려서 공부는 내일로 미룰 수 밖에 없었다.

직장인이라고 사정이 다를까? 책상 위에는 식어버린 커피잔 두어 개와 함께 여기저기 메모한 흔적들이 가득한 A4용지들이 널려있다. 책상 서랍 안에는 자주 쓰지 않아 오래된 물건들이 가득 차있다. 이것들을 정리하고 나면 기똥찬(!) 아이디어가 떠오를 것 같고 더 빨리 일을 마칠 수 있을 것 같지만 실제로는 그렇지 않을 때가 더 많다.

물론 오랜만에 대청소를 하면 새로 시작하는 기분을 느낄 수 있고 정돈된 마음으로 집중하기에 좋을 것이다. 그러나 일부러 시간을 내서 큰맘을 먹고 해야 하는 청소는 공부와 일을 하는 데에 부담이 될 수밖에 없다. 당장 청소할 시간이 없다고 다음번으로 미루면 치우지 않은 마음 한편에는 내내 죄책감이 든다.

매일 정리정돈 해야 한다는 것을 모두가 알고 있지만 제대로 실천하지 못하는 사람들이 많은 건 혹시 청소해야 이유, 청소의 의미를 잘 몰라서 그랬던 것이 아닐까? 단순히 더러우면 보기 싫고 쓰레기는 버리는 거니까 청소해야 하는 걸까?

　이 책은 깨끗한 마룻바닥도 반복해서 걸레질하는 한 스님의 이야기를 담았다. 스님이 매일 청소하는 이유는 매우 단순하다. 자꾸만 딴 생각을 하게 되고 더러워지는 마음을 닦고 또 닦아야 하듯 빗자루로 쓸고 걸레로 닦는 것이다. 어떻게 보면 너무 지나칠 정도로 청결함을 유지하는 것 같지만 어쩐지 책을 읽다보면 우리 집 현관의 모습이 떠오르고 어질러진 부엌을 그냥 지나칠 수 없게 된다. 나는 스님이 아니니까 수행하듯 청소할 필요는 없지만 그래도 어질러놓은 물건들을 한두 개씩 치우면서 가벼운 마음으로 청소를 시작해볼 수 있겠다는 마음이 생기는 책이다.

  하기 싫고 귀찮은 일이니까 한꺼번에 몰아서 해도 되겠지 하는 마음으로 오늘도 청소를 미루는 사람들에게 꼭 권하고픈 책.

  오늘부터 조금씩, 마음을 다잡고 청소를 시작하는 구호를 마음속으로 외쳐본다.

'청소 시~작'

청소 시~작!

초판 발행 2014년 5월 9일

지은이 마츠모토 게이스케
옮긴이 복창교

발행인 서영택
본부장 이홍 **편집인** 강소영 **담당 에디터** 홍성애 **홍보채널담당** 유보배
디자인 박선향 **일러스트** 이내 **교정교열** 최고라
Rights**팀** 나현숙 공은주 김윤경 김찬영 주진희 최하나
마케팅 이영인 최승연 원병인 **제작** 한동수 류정옥

임프린트 썸
주소 서울시 종로구 인사동9길 27 가야빌딩
주문전화 02-3670-1173, 1595 **팩스** 02-747-1239
문의전화 02-3670-1580(편집) 02-3670-1082(영업)
이메일 hong0627@wjbooks.co.kr
발행처 ㈜웅진씽크빅 출판신고 1980년 3월 29일 제 406-2007-00046호
한국어판 출판권ⓒ2014 ㈜웅진씽크빅
(저작권자와 맺은 특약에 따라 검인을 생략합니다)

ISBN 978-89-01-16495-3 13320

썸은 ㈜웅진씽크빅 단행본사업본부의 임프린트입니다.
이 책은 저작권법에 따라 보호받는 저작물이므로 무단 전재와 무단 복제를 금지하며, 이 책 내용의 전부 또는 일부를 이용하려면 반드시 저작권자와 ㈜웅진씽크빅의 서면동의를 받아야 합니다.

- 책값은 뒤표지에 있습니다.
- 잘못된 책은 구입하신 곳에서 바꾸어드립니다.